中小企业财务报表——分析

张新民◎编著

Financial Statement Analysis

中国人民大学出版社
· 北京 ·

致读者

在经济快速发展的今天，尤其是在大数据、互联网＋、云计算等新兴技术条件下，人们的日常生活与决策都与企业财务报表紧密相关。财务报表分析已经从专业知识变成通识知识。“财务报表分析”课程在大学里也有成为通识课的趋势。

在过去25年里，我一直致力于解决中国企业财务报表分析理论与方法体系的建设问题。在这个过程中，我先后实现了从财务报表的比率分析到财务状况质量分析、从财务状况质量分析到战略视角下财务报表分析框架的建立。

教育部长江学者、中国人民大学教授王化成将战略视角下的财务报表分析框架命名为“张氏财务分析框架”。从实践结果来看，这个框架为认识中国企业提供了非常有效的分析工具。然而，很多读者反映，虽然教材和相关读物让他们增长了知识，但在实际分析过程中仍然感觉力不从心，缺乏对自己学习效果的有效检验。

为了让读者学习和领会财务报表分析方法、演练财务报表的分析过程、检验“财务报表分析”课程的学习效果，我们出版了这套集教材、读物与视频资料于一体的系列成果，具体包括我与钱爱民教授编写的三本“十二五”普通高等教育本科国家级规划教材、我独著的两本大众读物以及我主讲的若干视频学习资料。为此，中国人民大学出版社专门建立了“财务报表分析”立体化学习中心，用来承载相关的视频课程和案例分析资料等。

财务报表分析
学习中心

一、教材

上述三本“十二五”普通高等教育本科国家级规划教材，是与国家级精品课程“企业财务报表分析”，教育部视频公开课、资源共享课和慕课“财务报表分析”相配套的教材、学习指导书和案例，具体包括：

1.《财务报表分析（第5版·立体化数字教材版）》

本书自2008年第1版出版以来，受到广大高校教师的普遍欢迎，成为众多高校“财务报表分析”课程的首选教材，也是中国高校“财务报表分析”课程的主流教材。在十余年的时间里，历经不断修改和完善。

与从国外（主要是美国）引进的原版教材不同，本书除了介绍基本的财务比率，还重点针对中国企业尤其是上市公司财务报表信息披露的特点，对资产负债表进行了重构，以上市公司最新案例为基础对财务报表进行项目质量分析和战略信息揭示。

第5版在第4版的基础上，除了按照最新修订的会计准则及其对报表的影响进行全面修订、更新案例，还结合我录制的《财务报表分析案例集锦》视频课做了立体化改造，突破了纸质教材在篇幅和呈现形式上的局限，提供了大量上市公司最新的实际案例。

2.《〈财务报表分析（第5版·立体化数字教材版）〉案例分析与学习指导》

本书是与《财务报表分析（第5版·立体化数字教材版）》相配套的学习指导书，内容包括知识点回顾，补充练习题及参考答案，教材关键术语和思考题参考答案，引例、章中案例和案例讨论的分析提示，可以极大提高学生学习本课程的效果，提高学生实际分析报表的能力。

3.《财务报表分析案例（第2版）》

案例教学一直是教学中的难点和重点，案例教学开展得好，可以有效提高学生分析问题、解决问题的能力。本书在《财务报表分析（第5版·立体化数字教材版）》的基础上，按照战略视角下的企业财务报表分析框架、企业发展战略分析、企业引资战略分析、企业集团债务融资管理与货币资金管理分析、营运资本管理分析、经营非流动资产管理分析、利润表分析、现金流量表分析、比率分析、资产减值与企业风险分析、行业特征与企业财务报表分析、企业财务状况整体分析 12 个专题，全面展示了企业财务报表分析理论与方法的综合运用，并结合上市公司的实际案例进行了具体的分析。本书旨在提升广大学生分析财务报表的综合能力，是一本提升和检验学习效果的必备教材。

上述三本教材适合财经类各个专业（如会计学、财务管理、工商管理、金融学、金融工程、国际经济与贸易等）的本科生、研究生学习。

二、大众读物

在出版上述三本教材的同时，我还出版了两本较为通俗的大众读物。这两本大众读物文字活泼，恰当把握了相关概念的实质，适合不同基础的广大读者。

1.《从报表看企业（第 3 版）》

本书第 1 版于 2012 年出版，来自我为 EMBA 讲授“财务报表分析”课程的课堂实录。该书自出版以来由于可读性强受到广大读者的欢迎。第 3 版以更加完善的分析框架全面阐释了“张氏财务分析框架”的精华。

很多读者反馈，对书中从报表看企业战略、看企业竞争力的内容印象深刻，收获极大。

2.《中小企业财务报表分析》

《中小企业财务报表分析》是应广大关注中小企业财务报表分析的读者的要求编写的一本通俗读物。该书以中小企业的制度界定和财务报表特征为基础，对中小企业财务报表分析的几个关键问题进行了讨论。

对于大多数仅仅关注中小企业财务报表分析的读者而言，认真研读《中小企业财务报表分析》有助于解决实际问题。

三、视频资料

实际上，上述关于财务报表分析的出版物已经非常丰富，但仍然有大量读者希望听听我是怎么给不同读者讲课的，希望通过观看我的视频课，了解我是怎么拿一个实际上市公司的年报做案例分析的，希望进一步提升财务报表分析的实战能力，将理论学习与实际分析能力相融合。

为此，我在中国人民大学出版社的大力支持下，录制了四个相关的视频课。

1.《财务报表分析案例集锦》

财务报表分析
案例集锦

这个案例集锦由战略视角下的财务报表分析框架、利润表的变革与分析、比率分析陷阱与创新、企业发展战略分析、利润表的战略信息分析、现金流量表的战略信息分析、营运资本管理分析、非流动资产管理分析、分行业报表分析案例 9 个专题组成，共 28 讲，每讲 20 分钟。

该视频主要适用于已经有财务报表分析基础的读者，对于提升分析能力很有帮助，与前述纸质图书形成了良好的互补。看过该视频的读者均获益匪浅。

名师示范课：财务报表分析

2.《名师示范课：财务报表分析》

《名师示范课：财务报表分析》是为广大高校教师准备的，目的在于提高广大教师的教学能力与案例分析能力。

财务报表分析——中国情境下财务报表分析理论与方法的探索

3.《财务报表分析——中国情境下财务报表分析理论与方法的探索》

这是一个现场讲座，介绍了我从事财务报表分析理论与方法研究的心路历程，全景展示了中国情境下财务报表分析理论与方法的探索过程。透过这个讲座，读者也可以了解本土上市公司财务报表分析的发展历程和变迁。

财务报表分析核心问题讲解

4.《财务报表分析核心问题讲解》

本讲座把企业设立、经营、扩张等各种活动与财务报表的外在表现相结合，站在管理者视角，以独创的“八看”分析框架为路径，对企业财务报表中的核心问题进行了全新讲解，揭示纷繁复杂的数字背后所蕴藏的企业秘密。

由于我国财务报表信息披露、会计准则一直处于变化之中，因此，该讲座对面临变化的财务报表分析者有一定的启发。

在上述书籍和视频资料的出版过程中，得到了中国人民大学出版社的大力支持。在此，特向中国人民大学出版社致以崇高的敬意！

张新民

于对外经济贸易大学

前 言

本书是为广大读者编写的一本中小企业财务报表分析读物。

广大中小企业管理者日益关注中小企业的财务报表分析，但市场上大量的同类书籍（包括我出版的其他同类书籍）主要以资本市场上体量较大的上市公司为背景展开分析和讨论。虽然这种分析与讨论解决了不少财务报表分析的问题，但体量较大的上市公司信息披露的特点以及财务报表分析的关注点均显著区别于中小企业，对于广大关心中小企业财务报表分析的读者而言，这些书籍并不能满足他们的要求。

本书就是为了解决这个问题而编写的。

本书从中小企业的界定入手。书中介绍了我国官方的界定，但明确将中小企业界定为没有控制性投资的企业，即不编制合并报表的企业。这保证了本书所讨论的内容具有极强的针对性。

本书除了介绍财务报表的构成、财务报表的主要概念与项目内涵外，无论是对财务比率分析的讨论、三种基本财务报表的结构分析和整体分析，还是关于竞争力与企业风险的专题分析，均始终围绕主要报表项目所蕴含的管理实质展开，试图将会计思维、财务思维与企业管理在财务报表分析中有机融合。

本书适合那些希望通过财务报表分析来了解企业的读者。限于作者水平，本书疏漏谬误之处在所难免，恳请读者批评指正。

张新民

目录

CONTENTS

第 1 讲 / *Chapter One*

中小企业的界定

在过去几年里，我录制了几个视频课程。这些视频课程播出以后，受到广大观众的热烈欢迎。但是也有一些人指出我讲的案例都是一些高大上的企业，比如格力电器、美的集团等，跟他们所关注的中小企业还是有一些距离。他们希望我能够针对中小企业的财务报表写一本分析性的书籍。于是我应广大关心中小企业财务报表的朋友之邀，写了这本书。

实际上，在过去 25 年左右的时间里，我一直在做一件事——用中国人自己创造的财务报表分析方法来解决中国企业财务报表分析的问题。现在可以说这个问题已经基本解决了。我在整个分析过程中会用到我在这方面的研究成果。

一、本书的基本内容

学习中小企业财务报表分析，首先应该知道什么是中小企业。然后针对中小企业的经营特征、报表特征展开讨论。最后对中小企业的三张基本报表——资产负债表、利润表、现金流量表展开分析。

除此之外，我又分了两个专题。一个专题是企业竞争力分析。我们经常说企业要有核心竞争力，这种核心竞争力在财务报表上的表现是什么？这是我们在本书中要解决的问题。另一个专题是中小企业风险分析。我们经常说有的企业面临很大的风险。这种面临风险的企业的财务表现是什么样的？我要在书中跟大家讨论。

在本书的最后总结整个学习的收获。

二、中小企业的界定

中小企业的概念在不同国家或地区是有明显差别的。这里我们聚焦中国中小企业的界定问题。

中国的中小企业界定是由这样几个部门联合做出的，它们是工业和信息化部、国家统计局、国家发展和改革委员会、财政部。它们在界定中小企业时关注以下几个方面：一是营业收入；二是雇员的人数；三是企业资产的规模。当然这种界定是分不同行业进行的。

在这里，我主要介绍几个行业，让大家看一下中小企业的标准划分。

下面关于中小企业标准划分的内容来自工业和信息化部、国家统计局、发展改革委、财政部于 2011 年 6 月 18 日发布的《中小企业划型标准规定》。

(1) 农、林、牧、渔业。可能与行业特点有关，在划分标准中并没有涉及资产总规模，主要按照营业收入划分：营业收入在 500 万元到 2 亿元之间的为中型企业；营业收入在 50 万元以上 500 万元以下的为小型企业；营业收入 50 万元以下的为微型企业。注意，这个划分标准不涉及雇员人数，不涉及资产规模，只涉及营业收入。

(2) 工业。工业企业的划分与从业人员有关。从业人员 300 人以上 1 000 人以下，且营业收入 2 000 万元以上 4 亿元以下的属于中型企业。注意，对工业企业的划分强调雇员人数，强调营业收入，但没有强调资产。从业人员 20 人以上 300 人以下，且营业收入 300 万元以上 2 000 万元以下的属于小型企业。最后，从业人员低于 20 人，或营业收入低于 300 万元的为微型企业。

（3）建筑业。对建筑业企业的划分强调营业收入，强调资产总额，不强调雇员人数。营业收入 6 000 万元以上 8 亿元以下，且资产总额 5 000 万元以上 8 亿元以下的是中型企业；营业收入 300 万元以上 6 000 万元以下，且资产总额 300 万元以上 5 000万元以下的属于小型企业；营业收入或资产总额低于小型企业的属于微型企业。

（4）软件和信息技术服务业。从业人员 100 人以上，营业收入 1 000 万元以上 1 亿元以下的属于中型企业；从业人员 10 人以上，营业收入 50 万元以上 1 000 万元以下的属于小型企业；从业人员 10 人以下或营业收入 50 万元以下的是微型企业。

当然，四部委局关于中小企业的划分还包括物业管理、租赁等行业。如果读者有兴趣，可以去看一下文件的具体规定。

第 2 讲 / *Chapter Two*

中小企业及其财务报表的特征

上一讲我向大家介绍了我国对中小企业的界定。这一讲将揭示中小企业及其财务报表的特征。

一、财务报表

财务报表本身在一定程度上反映了企业各方面的状况——能够用货币表现的状况，也可以称为财务状况。

请读者想一想，中小企业的各种活动是不是在一定程度上都可以用货币来表达？比如，企业设立肯定需要有人投资，股东的入资规模、入资的具体内容等都可以用货币来表达。企业收到股东入资以后就要开展各种经营活动，通过各种经营活动获得收入和利润，然后再回报给股东。整个过程凡是能够用货币来表达的，都会在财务报表上表现出来。

这些能够用货币来表现的状况就是财务状况，财务报表就是表现企业财务状况的报表。

二、中小企业的特征

我们先来讨论一下中小企业的特征，或者说在对中小企业财务报表进行分析的时候，怎样把握中小企业的固有特征？

一般来说，中小企业会聚焦某一个特定领域，从事经营活动。也就是说，大量的中小企业是自己在搞经营活动。因此，在我的概念里，不把有对外控制性投资的企业视为中小企业，为什么？这和我们的报表分析有相当大的关系。

首先，如果企业有对外控制性投资的话，它的资产结构就会有非常大的不同，甚至需要编制另一套报表，这套报表叫合并财务报表。这就属于高级财务会计的内容了。所以相当多的中小企业是那些从事特定经营活动的企业，这是一个非常重要的特征。其次，从股权结构或者治理结构来讲，中小企业有自己的特征——股东数量相对较少，股权集中度比较高。在这种情况下，企业的董事长、总裁应该是一个人或经常是一个人。因此企业的兴衰成败与企业的股东、董事长和核心管理层密切相关。

从实践来看，很多中小企业的股东会、董事会和管理层是高度融合或者一致的，这是中小企业的一个重要特征。这个特征我们在财务报表里看不到，但它对一个企业的发展至关重要，所以必须关注这方面的信息。

概括一下中小企业的特征，一个是业务特征，一个是股权和治理特征。下面来谈一下中小企业财务报表的特征。

三、中小企业财务报表的特征

（一）中小企业资产负债表的特征

中小企业的财务报表有什么特征呢？我们先看一家上市公司的原始财务报表。

下面是上市公司北京泛华新兴体育产业股份有限公司的资产负债表（见表 2－1）。

1. 基本关系

要认识企业的资产负债表，请读者注意以下几点：

第一，资产负债表的时点特征。从表头来看，这张资产负债表反映的是 2017 年 12 月 31 日和 2018 年 12 月 31 日的资产、负债等状况。就像每个人体检一样，体检结果告诉我们的是体检当时的健康状况。换一个时间，这种状况可能就会不一样了。

表 2-1 泛华体育资产负债表

单位：元

	2018-12-31	2018-12-31	2017-12-31	2017-12-31
报告期	年报	年报	年报	年报
报表类型	合并报表	母公司报表	合并报表	母公司报表
流动资产：				
货币资金	32 756 039.07	32 756 039.07	23 757 095.17	23 714 860.34
以公允价值计量且其变动计入当期损益的金融资产	4 162 268.00	4 162 268.00	13 749 112.15	13 749 112.15
应收票据及应收账款	57 376 847.98	57 376 847.98	64 567 697.91	64 567 697.91
应收票据				
应收账款	57 376 847.98	57 376 847.98	64 567 697.91	64 567 697.91
预付款项	11 266 074.80	11 266 074.80	865 035.77	865 035.77
其他应收款（合计）	3 166 994.73	3 166 994.73	3 065 874.67	3 065 874.67
其他应收款	3 166 994.73	3 166 994.73	3 065 874.67	3 065 874.67
存货	46 500 451.29	46 500 451.29	49 112 480.19	49 112 480.19
其他流动资产	1 894 929.21	1 894 929.21	32 303.96	32 303.96
流动资产合计	157 123 605.08	157 123 605.08	155 149 599.82	155 107 364.99
非流动资产：				
可供出售金融资产	26 500 000.00	26 500 000.00	26 500 000.00	26 500 000.00
长期股权投资	259 687.06	259 687.06		50 000.00

续表

报告期	2018-12-31 年报	2018-12-31 年报	2017-12-31 年报	2017-12-31 年报
报表类型	合并报表	母公司报表	合并报表	母公司报表
固定资产（合计）	9 682 745.22	9 682 745.22	10 721 794.03	10 721 794.03
固定资产	9 682 745.22		10 721 794.03	10 721 794.03
在建工程（合计）				
无形资产	52 728.92	52 728.92	60 411.92	60 411.92
递延所得税资产	1 499 839.40	1 499 839.40	1 049 969.63	1 049 969.63
非流动资产合计	37 995 000.60	37 995 000.60	38 332 175.58	38 382 175.58
资产总计	195 118 605.68	195 118 605.68	193 481 775.40	193 489 540.57
流动负债：				
短期借款				
应付票据及应付账款	42 988 764.64	42 988 764.64	30 338 869.98	30 338 869.98
应付票据				
应付账款	42 988 764.64		30 338 869.98	30 338 869.98
预收款项	19 579 957.02	19 579 957.02	6 246 040.84	6 246 040.84
应付职工薪酬	95 487.12	95 487.12	55 610.92	55 610.92
应交税费	1 501 637.19	1 501 637.19	1 033 575.91	1 033 575.91
其他应付款（合计）	4 484 260.66	4 484 260.66	5 948 660.63	5 948 660.63

续表

	2018-12-31	2018-12-31	2017-12-31	2017-12-31
报告期	年报	年报	年报	年报
报表类型	合并报表	母公司报表	合并报表	母公司报表
其他应付款	4 484 260.66		5 948 660.63	5 948 660.63
其他流动负债	1 311 495.71	1 311 495.71	3 755 545.17	3 755 545.17
流动负债合计	69 961 602.34	69 961 602.34	47 378 303.45	47 378 303.45
非流动负债：				
长期借款				
非流动负债合计				
负债合计	69 961 602.34	69 961 602.34	47 378 303.45	47 378 303.45
所有者权益（或股东权益）：				
股本	80 000 000.00	80 000 000.00	80 000 000.00	80 000 000.00
资本公积	25 757 925.35	25 757 925.35	25 757 925.35	25 757 925.35
其他综合收益	4 089.80	4 089.80		
盈余公积	4 035 331.18	4 035 331.18	4 035 331.18	4 035 331.18
未分配利润	15 359 657.01	15 359 657.01	36 312 933.23	36 317 980.59
归属于母公司所有者权益合计	125 157 003.34	125 157 003.34	146 106 189.76	146 111 237.12
少数股东权益			−2 717.81	
所有者权益合计	125 157 003.34	125 157 003.34	146 103 471.95	146 111 237.12
负债和所有者权益总计	195 118 605.68	195 118 605.68	193 481 775.40	193 489 540.57

第二，母公司报表与合并报表。按照会计处理的惯例，当一个企业有对外控制性投资（就是有子公司）时，投资方（这时候叫母公司）就要编制包含母公司和子公司（被投资企业叫子公司）相关信息的报表，这种包含母公司和子公司相关信息的报表叫合并报表，投资方的报表叫母公司报表。

第三，资产负债表里的几个基本关系。

首先，资产＝负债＋所有者（股东）权益。这是一种恒等的关系。

简单地说，资产是能够用货币表现的资源，包括货币资金、各种债权、存货、固定资产、无形资产以及对外投资等。企业从事理财所形成的资源也叫投资。

负债和股东权益则展示了企业资源的来路：负债代表企业从各类债权人（如银行、供应商等）获得的资源规模，股东权益则代表企业从股东获得的资源规模。其中，股本和资本公积代表股东对企业的入资，盈余公积和未分配利润则代表企业的利润积累。概括来说，资产代表企业所拥有资源的规模和结构，负债和股东权益则代表支撑企业资产的资源来源的结构。

其次，资产分为流动资产和非流动资产。其中，流动资产可以理解为一年内或者一个经营周期内可以转化为货币或者被消耗掉的资产，如与企业经营活动密切相关的货币资金、应收票据、应收账款、存货、预付款项等项目，也有一些与企业投资有关的短期投资项目，如交易性金融资产、短期理财性投资（短期理财性投资往往计入其他流动资产）等。非流动资产则可以理解为一年以上或者一个经营周期以上才能转化为货币或者被企业长期使用的资产，如与企业经营活动密切相关的固定资产、无形资产等项目，也有一些与企业投资有关的项目，如可供出售金融资产、长期股权投资等。

再次，负债分为流动负债和非流动负债。其中，流动负债可以理解为一年内或者一个经营周期内需要偿还的负债，如与企业经营活动密切相关的应付票据、应付账款、预收款项、应付职工薪酬、应交税费等项目，也有一些与企业融资有关的项目，如交易性金融负债、短期借款等。非流动负债则可以理解为一年以上或者一个经营周期以上才需要偿还的负债，如与企业经营活动密切相关的长期应付职工薪酬等项目，也有一些与企业融资有关的项目，如应付债券、长期借款等。

最后，企业的股东权益可以区分为两方面的内容：一是由股东入资形成的内容，主要体现在股本（或者实收资本）和资本公积中，代表股东对企业的资源贡献；二是由企业利润累积所形成的内容，主要体现在盈余公积和未分配利润中，代表企业到目前为止的累积利润对企业资源增长的贡献。

此外，从概念上看，容易形成对应关系的还有两个：一是流动资产与流动负债的对应关系。其中，流动资产减去流动负债的余额一般称为净流动资产或者营运资金或营运资本，流动资产除以流动负债所形成的比率一般称为流动比率。二是负债与资产的对应关系。人们一般习惯于将负债与资产做对比，形成所谓的资产负债率，以此来判断企业对债务的依赖程度并分析企业所面临的风险。

2. 进一步讨论

第一，只有能够用货币表现的经济活动才能在财务报表中进行反映。

如果想看财务报表的话，一定要树立一个概念：只有能够用货币表现的内容才可能在财务报表里得到展示。

比如，公司要搞一个庆典活动，这就涉及庆典要邀请什么人来参加，庆典在什么地方召开、在什么时间召开。这些都是跟庆典有关的内容，但是财务报表不会反映这些内容。这些不能用货币表现的事项不会在财务报表中反映。

那么，财务报表反映什么呢？它会反映这次庆典场地花了多少钱，开了多少劳务费，花了多少广告费等。这就是说，它一定会反映能够用货币表现的内容。

可以看一下资产负债表，第一项是货币资金。你只要一花钱，货币资金就会减少。所以非常重要的一点是，能够用货币表现的内容才进入报表。

第二，本书讨论的中小企业的财务报表不包括合并报表的内容。

在本书中，我们不把有对外控制性投资的企业纳入中小企业财务报表分析的范畴。所以这里的财务报表是比较简单的。简单到什么程度呢？首先，没有合并报表，只有公司报表；其次，企业的经营资产比较多，投资资产比较少，控制性投资资产极少或者基本上没有。

泛华体育资产负债表的相关内容摘录如下：

单位：元

	2018-12-31	2018-12-31	2017-12-31	2017-12-31
报告期	年报	年报	年报	年报
报表类型	合并报表	母公司报表	合并报表	母公司报表
长期股权投资	259 687.06	259 687.06		50 000.00
资产总计	195 118 605.68	195 118 605.68	193 481 775.40	193 489 540.57

在上面的资产负债表中，母公司2018年年初的长期股权投资为5万元，而资产总计1.93亿元，母公司年初的长期股权投资在资产总额中的占比极小。但合并报表2018年年初的长期股权投资为0，说明年初母公司的5万元投资是控制性投资且纳入合并范围，结果导致2017年年末合并报表的资产总计与母公司的资产总计出现差异。

2018年年末，母公司报表与合并报表的长期股权投资的金额是一样的，且年末母公司资产总计与合并报表资产总计的金额相同。这说明，2018 年年末，企业没有控制性投资。

本书讨论的中小企业财务报表不涉及控制性投资与合并报表问题。这就是说，我们讨论的中小企业财务报表的资产结构是非常清晰的：资产主要由流动资产和非流动资产组成。流动资产包括货币资金、应收账款、应收票据、预付款项、存货等；在非流动资产里有非常齐备的经营资产，比如固定资产和无形资产等。

这是对中小企业资产负债表所包含资产结构的非常清晰的一种考察：资产结构中有大量经营资产、少量投资资产，基本上没有控制性投资资产。

（二）中小企业利润表的特征

下面我们看一下泛华体育的利润表的特征（见表 2－2）。

1. 企业的经营活动集中在母公司，合并利润表可以忽略

与资产负债表的资产结构中企业的控制性投资的规模很小、合并资产负债表与母公司资产负债表高度相近一样，泛华体育的利润表也呈现出合并利润表与母公司利润表高度一致的情况。尤其需要注意的是，无论是本年度还是上年度，母公司营业收入、营业成本与合并营业收入、营业成本的规模完全一致，说明企业的对外经营活动全部集中在母公司。

表 2-2　泛华体育利润表

单位：元

	2018 年度	2018 年度	2017 年度	2017 年度
报告期	年报	年报	年报	年报
报表类型	合并报表	母公司报表	合并报表	母公司报表
营业总收入	101 615 460.54	101 615 460.54	89 728 479.63	89 728 479.63
营业收入	101 615 460.54	101 615 460.54	89 728 479.63	89 728 479.63
营业总成本	113 252 428.79	113 252 492.87	86 546 739.67	86 546 796.83
营业成本	90 502 718.43	90 502 718.43	69 295 132.06	69 295 132.06
税金及附加	319 127.38	319 127.38	486 535.15	486 510.15
销售费用				
管理费用	13 835 374.89	13 835 374.89	7 917 923.61	15 335 781.21
研发费用	7 109 487.80	7 109 487.80	7 425 292.60	
财务费用	50 486.29	50 550.37	27 659.75	35 176.91
其中：利息费用	12 135.62	12 135.62		
利息收入	308 238.30	308 238.30	102 537.10	
资产减值损失	1 435 234.00	1 435 234.00	1 394 196.50	1 394 196.50
加：其他收益				
投资收益	−7 691 308.15	−7 692 486.50	13 963 914.41	13 960 109.48

续表

	2018 年度	2018 年度	2017 年度	2017 年度
报告期	年报	年报	年报	年报
报表类型	合并报表	母公司报表	合并报表	母公司报表
公允价值变动收益	−1 563 897.83	−1 563 897.83	−3 279 507.17	−3 279 507.17
资产处置收益			17 377.89	17 377.89
汇兑收益	20 374.64	20 374.64	−7 822.33	
营业利润	−20 871 799.59	−20 873 042.02	13 875 702.76	13 879 663.00
加：营业外收入	17 300.00	17 300.00	1 167 850.00	1 167 850.00
减：营业外支出				
利润总额	−20 854 499.59	−20 855 742.02	15 043 552.76	15 047 513.00
减：所得税费用	98 776.63	98 776.63	−246 607.81	−246 607.81
净利润	−20 953 276.22	−20 954 518.65	15 290 160.57	15 294 120.81

2. 企业的利润结构中投资收益占比较低

大多数中小企业的主要活动是经营活动。在有一定的资金闲置的条件下，企业可能进行一些投资活动，如理财、炒股等，所以中小企业的投资收益的规模往往不大。这是中小企业利润表里特别重要的一个地方。

请注意，中小企业一定不是靠投资收益，一定不是靠其他收益（后边会介绍其他收益），更多的是靠自己的经营活动来获得利润。

（三）中小企业现金流量表的特征

最后看一下泛华体育现金流量表的特征（见表 2－3）。

1. 三种现金流量

按照现行准则的要求，企业的现金流量表分成三类：第一类是经营活动的现金流量；第二类是投资活动的现金流量；第三类是筹资活动的现金流量。读者可以通过这三种现金流量的各个项目体会其基本内涵。

2. 经营活动现金流量为主战场

对于中小企业而言，这三类现金流量的核心，即最热闹、最活跃的现金流量一定是它们的经营活动现金流量，因为很少有中小企业天天折腾基建投资的。也就是说，处于稳定发展阶段的中小企业的投资活动一般不是特别活跃。

表 2-3　泛华体育现金流量表

单位：元

	2018-12-31	2018-12-31	2017-12-31	2017-12-31
报告期	年报	年报	年报	年报
报表类型	合并报表	母公司报表	合并报表	母公司报表
经营活动产生的现金流量：				
销售商品、提供劳务收到的现金	131 422 495.15	131 422 495.15	87 789 633.55	87 789 633.55
收到其他与经营活动有关的现金	5 338 172.78	5 338 172.78	4 231 510.63	4 231 453.80
经营活动现金流入小计	136 760 667.93	136 760 667.93	92 021 144.18	92 021 087.35
购买商品、接受劳务支付的现金	90 547 991.75	90 547 991.75	79 022 821.96	79 022 821.96
支付给职工以及为职工支付的现金	11 114 823.22	11 114 823.22	8 282 256.92	8 282 256.92
支付的各项税费	1 994 737.50	1 994 737.50	3 041 578.04	3 041 553.04
支付其他与经营活动有关的现金	34 873 216.31	34 873 216.31	15 785 933.34	15 778 136.34
经营活动现金流出小计	138 530 768.78	138 530 768.78	106 132 590.26	106 124 768.26
经营活动产生的现金流量净额	−1 770 100.85	−1 770 100.85	−14 111 446.08	−14 103 680.91
投资活动产生的现金流量：				
收回投资收到的现金	96 060 314.32	96 060 314.32	33 000 000.00	33 000 000.00
取得投资收益收到的现金	2 985 563.32	2 985 563.32	13 963 914.41	13 963 914.41
处置固定资产、无形资产和其他长期资产收回的现金净额			239 316.24	239 316.24
投资活动现金流入小计	99 045 877.64	99 045 877.64	47 203 230.65	47 203 230.65

续表

	2018-12-31	2018-12-31	2017-12-31	2017-12-31
报告期	**年报**	**年报**	**年报**	**年报**
报表类型	**合并报表**	**母公司报表**	**合并报表**	**母公司报表**
购建固定资产、无形资产和其他长期资产支付的现金	12 003.45	12 003.45	1 155 626.04	1 155 626.04
投资支付的现金	88 437 368.00	88 437 368.00	17 028 619.32	17 078 619.32
投资活动现金流出小计	88 449 371.45	88 449 371.45	18 184 245.36	18 234 245.36
投资活动产生的现金流量净额	10 596 506.19	10 596 506.19	29 018 985.29	28 968 985.29
筹资活动产生的现金流量：				
取得借款收到的现金	2 825 205.77	2 825 205.77		
筹资活动现金流入小计	2 825 205.77	2 825 205.77		
偿还债务支付的现金	2 825 205.77	2 825 205.77		
分配股利、利润或偿付利息支付的现金	12 135.62	12 135.62		
支付其他与筹资活动有关的现金	2 055 000.00	2 055 000.00		
筹资活动现金流出小计	4 892 341.39	4 892 341.39		
筹资活动产生的现金流量净额	−2 067 135.62	−2 067 135.62		
汇率变动对现金及现金等价物的影响	20 374.64	20 374.64	−7 822.33	−7 822.33
现金及现金等价物净增加额	6 779 644.36	6 779 644.36	14 899 716.88	14 857 482.05
期初现金及现金等价物余额	19 734 114.73	19 691 879.90	4 834 397.85	4 834 397.85
期末现金及现金等价物余额	26 513 759.09	26 471 524.26	19 734 114.73	19 691 879.90

此外，中小企业筹资难的状况也会在现金流量表中表现出来——企业筹资活动的现金流量可能比较少。

这一讲简单介绍了中小企业的业务特征、股权和治理特征以及财务报表特征。

总结一下：第一，中小企业的业务比较集中，专注于某个行业的业务活动；第二，中小企业的股权结构比较简单，股东会、董事会和企业管理层之间的关系相对简单；第三，中小企业的财务报表比较单一，基本上没有合并报表。

第 3 讲 / *Chapter Three*

资产负债表的基本构成

上一讲我们简略介绍了中小企业的业务特征、股权和治理特征，以及三张财务报表的基本特征。这一讲将分析中小企业的资产负债表。

资产负债表实际上是以一个基本等式为基础来展开的，这个等式就是：资产＝负债＋股东权益（或者所有者权益）。

一、资产的主要项目

很多初识财务报表或者非财会背景出身的人，看资产负债表的时候经常关心一些东西，比如资产与负债、股东权益是什么关系？

几年前，一个学生提了这样一个问题：我从银行借款 1 亿元，这是资产 1 亿元还是负债 1 亿元？我告诉他说，这个业务既导致资产增加 1 亿元，又导致负债增加 1 亿元。

你在借到钱的时候得到 1 亿元的货币资金，这个货币资金就是资产。也就是说，资产增加 1 亿元。同时站在会计的立场还要问：这 1 亿元的货币资金（资产）是从哪里来的？由于是借来的，所以负债增加 1 亿元。

这就是说，“从银行借款 1 亿元”是一项导致资产、负债发生变化的业务——资产增加 1 亿元，负债也增加 1 亿元。

那么，什么是资产呢？

简单地说，资产是能够用货币表现的经济资源。也就是说，能够入账的或能够在报表里展示的资源就放到资产里。

下面我们看一看企业的资产里有哪些资源。

（一）流动资产

上一讲我们已经讨论过，从大的结构来看，资产有流动资产和非流动资产。我们现在看一下流动资产的具体内容。

还是以前面的泛华体育的资产负债表为基础来考察。

第一项资产是货币资金。再往下是交易性金融资产，这种交易性金融资产一般是企业在资本市场上买的股票和债券，是企业的小规模、非战略性投资。

再往下是应收票据、应收账款。这两个项目是由企业赊销引起的债权，统称为商业债权。在采用商业汇票结算时，由赊销引起的债权叫应收票据，否则就叫应收账款。

比如，企业给其他组织或机构提供服务，签了一份合同。企业提供完服务，尾款还没有收到，但对方保证在一段时间内支付款项，这就形成了应收账款。如果接受服务的单位向企业出具了一张商业汇票，则形成应收票据。

下一项是预付款项，是由于企业采购货物等向供应方打预付款所形成的债权。这项债权与应收票据和应收账款的不同之处在于，预付款项换来的不是货币资金，而是存货等非货币资产。

下面是存货。存货是非常典型的经营资产。想了解详细具体的存货的概念、构成、计价、核算等内容，读者可以学习中级财务会计和成本会计。在这里，读者只需要知道这样的基本关系：企业从外部采购所形成的原材料、燃料等可以直接销售、快速消费或经过加工以后对外出售的资产属于存货；企业利用固定资产生产出来的半成品、在产品、合成产品也是存货；企业存货被卖掉就转化为利润表中的营业成本；没有售出的产品等还是存货。

有读者会说："还有两个'其他'呢！"现在就讨论一下这两个"其他"项目。

先说一下其他应收款。从概念上来看，其他应收款是企业由于与经营活动无关的活动而发生的债权。比如，企业外的其他组织和个人向企业临时拆借资金，企业对外支付以后所形成的债权就是其他应收款；员工由于个人困难向企业借钱所形成的债权也是其他应收款。

可见，其他应收款在规模上不应该很大，在性质上基本上可以归入不良资产。因此，中小企业的其他应收款通常规模不大。如果其他应收款很大，很有可能是企业的资产被侵占了。

另一个“其他”项目是其他流动资产。就我看到的情况而言，有的公司把理财性投资放在这里，有的企业把对外采购存货所付出的增值税放到这里。大家不用过多关心这个项目。从规模来看，该项目一般不大。

（二）非流动资产

从泛华体育的资产负债表来看，非流动资产的前两项是投资性资产：一项是可供出售金融资产，另一项是长期股权投资。

可供出售金融资产是企业在资本市场上购买的准备持有超过一年的债权或股权证券。长期股权投资则是企业对其他企业入股所形成的股权投资。

对于大多数中小企业而言，由于其主业会聚焦产品的生产和销售或者劳务的提供，因此，这两项投资性资产的规模应该不大，不用过多关注。

另一项非流动资产是固定资产。

从概念上来说，固定资产是企业超过一年使用的各项资产，包括房屋、建筑物、运输车辆、生产线、办公设备等。企业的技术装备水平主要体现在固定资产上。

我们有的时候听到企业界人士这样说一个企业：这是一个轻资产企业，那是一个重资产企业。这里的“轻”或“重”传统上指的是固定资产在资产总额中所占的比重。一般来说，固定资产规模占资产总额比重比较大的称为重资产企业，如自建酒店类企业、重工业企业等；而固定资产规模占资产总额比重比较小的称为轻资产企业，如轻工业企业、以租赁为主提供劳务的企业等。

固定资产的规模和技术含量对特定企业而言至关重要。企业技术装备水平的先进性在相当程度上体现了企业的竞争力和发展战略。

在固定资产下面的非流动资产是无形资产。

从概念上来说，无形资产是那些没有一定实物形态但企业可以长期受益的资产项目，如企业购买的商标权、专利权、专有技术等。在我国，土地使用权也属于无形资产。

随着技术的不断发展，互联网时代无形资产占资产总额比重较高的企业越来越多，有些企业的主要经营资产甚至是无形资产，如上市公司乐视网等。

因此，现代意义上的重资产企业不仅要考虑固定资产规模在资产总额中的占比，也要考虑无形资产规模在资产总额中的占比。

有人会问："我是我们单位的总裁，是我们单位非常重要的人力资源。人力资源是不是也要作为资产记入企业的资产负债表？"

请读者注意：人力资源绝对是企业的主要资产。但是，到目前为止，会计上还没有把人力资源作为资产来入账。这是因为，能够入账的资产一般要有取得成本（比如，固定资产的购建成本、存货的生产成本等）及其会计处理方法；还要有特定资产价值减少的会计处理方法，如固定资产折旧的处理方法、已经耗用或者出售存货的价值确定方法等。

对于人力资源而言，其入账价值的增加（就是资产的取得成本）与我们讨论的资产取得成本完全不同，其对企业的贡献时间和贡献质量也与其他资产显著不同。

因此，到现在为止，资产负债表上展示的是企业从外部购入的无形资产和部分自创的无形资产。至于人力资源，则不入账。

（三）主要经营资产的总结

中小企业的经营资产主要包括以下几项：

第一，货币资金。由于货币资金可以转换为任何一项资产，所以企业必须拥有一定规模的货币资金。但企业是要追逐利润的，企业的利润是通过资产形态的不断转化来实现的。因此，企业没有货币资金就会周转不灵，但企业资产中货币资金占比过高又会影响资产整体的盈利能力。在维持企业资金周转顺畅的同时，最大限度地降低货币资金的占用量是企业财务管理的重大课题。

第二，应收票据及应收账款。应收票据及应收账款是企业由于赊销而产生的商业债权。从排列的顺序来看，排在前面的可回收性强。因此，企业应收票据与应收账款的规模对比有重要意义：应收票据在应收票据与应收账款之和中占比较大的企业，其债权质量更高；应收账款在应收票据与应收账款之和中占比较大的企业，其债权质量较低。

当然，要动态地看形成企业特定会计期末债权规模与结构的原因：有时企业为促销或者达到某个特定时期的销售目标而放松了信用政策，则应收票据与应收账款的规模增长可能较快；有时企业由于具有显著的竞争优势而更多采用预收账款销售的方式，因此降低了商业债权的规模；有时是由于企业长期销售质量不高而积累了大量不良债权（如乐视网 2015—2018 年）；等等。

第三，存货。以提供某类商品为主要经营方式的企业必须保有一定的存货。企业保有一定规模的存货，通常不是为了自己消耗，而是为了通过销售来实现营业收入进而获得利润。因此，企业存货的质量不在于物理质量，而在于对企业实现利润的贡献质量。

第四，固定资产。固定资产是企业技术装备水平的集中体现。固定资产的规模和结构的变化往往与企业的战略调整密切相关。

第五，无形资产。无形资产的规模、结构及其与其他资产的规模对比取决于企业的行业特征、发展战略以及具体的决策与管理质量。

大多数企业的经营资产主要是以上几项。考察企业的资产时应该关注少数几个主要项目。

二、负债的主要项目

（一）流动负债的主要项目

首先是短期借款。该项目反映企业所获得的偿还期短于一年的各类贷款。在日常经营活动中，由于经营周转的需要，企业从各种渠道举借资金。请注意，在排列顺序上，短期借款位列流动负债的第一位，这意味着短期借款的强制偿还性最强。

然后是应付票据。与应收票据相对应，当企业采用赊购方式采购存货并给供货方开具商业汇票时，在企业存货增加的同时应付票据也会增加。同样需要注意的是，在排列顺序上，应付票据排在应付账款的前面，这意味着应付票据的强制偿还性高于应付账款。

下面是应付账款。与应收账款类似，当企业采用赊购方式采购存货并按照合同约定定期支付货款时，在企业存货增加的同时应付账款也会增加。从性质上来看，企业的应付票据与应付账款是一致的，都是因采购存货而引起的负债。

下一个项目是预收款项。采用预收款项销售时，企业在收到顾客或者买方支付的货款以后才提供产品或者劳务。因此，企业在收到货款时，负债项目预收款项会增加。企业采用预收款项销售的原因很多，既可能是行业惯例，也可能是企业竞争优势决定的。

需要注意的是，由于企业产品或劳务的销售价格中一般会有一部分毛利，这意味着企业预收的是未来所提供的产品或劳务的价格，而未来提供的则是产品或者劳务的成本。这就是说，从偿还的角度来看，预收款项负债仅需要企业付出未来所提供的产品或劳务的成本。

例如，企业在本年末预收购买方支付的100万元货款，约定下年1月底向买方发货。企业所提供产品的毛利率为40%。

这样，在本年末，企业收取 100 万元预收款时，在增加货币资金的同时还会增加预收款项负债。在下年 1 月底向买方发货时，只需要发出 60 万元成本的货物。这意味着，预收款项负债可能夸大了企业的负债规模——至少在短时间内，40 万元的毛利部分是不需要对外支付的。

下一个项目是应付职工薪酬。这个项目代表企业在特定会计期末对本单位职工应该支付或者发放的薪酬。

接下来是应交税费。这个项目代表企业在特定会计期末由于各类经营活动所引起的应该支付的各种税费，包括增值税、所得税、教育费附加等。

最后是两个“其他”项目：其他应付款和其他流动负债。一般来说，这两个项目涉及企业不属于前面几项流动负债的相关流动负债，如企业预收的某些押金或承诺款、企业在期末计提的各种应付未付的费用等。中小企业的其他应付款和其他流动负债规模一般不大，不用特别关注。至于具体内容，有兴趣的读者可以参考财务会计类的教材。

实际上，流动负债中与经营活动有关的核心项目主要是应付票据、应付账款和预收款项，它们反映了企业与上下游之间的关系。

（二）非流动负债项目

从报表来看，非流动负债只有一项，即长期借款。

长期借款是企业所获得的偿还期限超过一年的各类贷款。在中小企业普遍融资难的情况下，企业获得长期借款的机会并不多。

需要注意的是：一般来说，企业经营周转需要的资金往往可以通过短期借款来解决；企业由于扩大经营规模而购建固定资产与无形资产，则需要通过长期借款来解决。

实际上，除了长期借款外，非流动负债还包括长期应付款、应付债券等。这些项目往往不出现在中小企业的财务报表中。

（三）进一步的讨论

上述流动负债与非流动负债是基于偿还期限来划分的。这种划分对企业意义重大：流动负债需要在短时间内偿还，如果企业对流动负债的偿还不畅，可能引起企业短期的经营周转困难。

从另外的角度来考察会发现，企业的负债可以区分为贷款类负债和经营性负债。进一步来说，可以把贷款类负债称为金融性负债，即各类有息负债。

把企业负债分为经营性负债和金融性负债意义十分重大：

经营性负债是由企业经营活动所引起的，与企业的业务规模、竞争优势等关系密切；金融性负债则更多地与企业的发展、扩张等战略因素相关。

三、所有者（股东）权益的主要项目

所有者权益可以明显分成两大阵营。

第一个阵营由实收资本或者股本加资本公积组成。

实收资本或者股本代表企业的股东初始入资中参与分红的部分。企业的股东按照在实收资本或者股本中的比例享有分红权。

很多企业的股东权益中包含资本公积。资本公积是股东入资中不要求分红的部分。比如，某股东对企业的入资为不可分割的无形资产 1 000 万元，但由于各种原因，该股东只能有 600 万元参与分红。这样，该股东的入资，可以分红的部分 600 万元就计入实收资本，400 万元就形成资本公积。

很多中小企业的财务报表上并没有资本公积，说明没有与资本公积有关的业务。

第二个阵营是盈余公积和未分配利润。盈余公积是企业获得利润后，根据国家法律要求提取的法定盈余公积和根据企业意愿提取的任意盈余公积，主要用于支持企业的长期发展。未分配利润则是企业在进行利润分配以后留存下来的累积利润。未分配利润可以用于以后年度利润分配，也可以弥补未来的亏损等。

盈余公积与未分配利润在性质上是一致的，都是企业留存的利润。

四、关于资产负债表基本关系的进一步讨论

如果我们考察一下泛华体育的母公司资产负债表，就会看到，2018 年 12 月 31 日，企业的资产规模为 1.95 亿元，负债和股东权益的合计也是 1.95 亿元。

资产与负债和股东权益之间的关系为什么是恒等的?

实际上，资产与负债和股东权益所反映的内容是一样的，都是企业可以运用的资源，只不过是从不同角度来考察的。

资产反映了企业可以运用的资源的具体形态，如货币资金、商业债权、存货、固定资产、无形资产等。所以，当我们到一家企业去考察时，所见到的基本上都是资产，而且是部分资产，如厂房、设备、产品等。如果不查看企业的账簿，就不能看到无形资产，也不能看到各类债权。

从另外的角度来看，企业所拥有的各类资源属于谁？按照现代会计的分类，企业的各类资源属于两类人，一类是债权人，

一类是股东（所有者）。

有的读者会问："在排列顺序上，为什么是负债加股东权益，而不是股东权益加负债?"请注意，这源于企业界的一个根本的认同，就是企业的资源应该先去偿债，然后才留给股东。

这就是说，从资源的具体结构来看，企业的资源表现为资产；从资源的权益归属的结构来看，企业的资产属于两类人——债权人和股东。

因此，资产与负债和股东权益是恒等的关系。

第 4 讲 / *Chapter Four*

与资产负债表有关的财务比率和分析

在前一讲中，我向大家展示了资产负债表的基本关系：资产等于负债加股东权益。我还介绍了资产负债表中的一些相关概念，包括流动资产、非流动资产、流动负债、非流动负债、股东权益等，也对资产负债表的一些具体项目做了介绍。

在这一讲中，我想与读者重点讨论一下资产负债表所包含的财务比率及其分析。

如果你学过一些财务会计课程，你应该知道至少要关注这样几个资产负债表内部的财务比率。

第一，流动资产与流动负债的比率。我们在前面介绍过，流动资产除以流动负债是一个比率，这个比率叫流动比率。请你想一想：流动资产是一年之内可以转化为货币的资产，流动负债是一年之内需要偿还的债务。两者之间在概念上有直接的联系——流动资产是对流动负债的偿还保证。因此，流动比率反映了流动资产对流动负债的保证程度。这个比率既很直观，也很重要。

第二，速动资产与流动负债的比率。在会计界，流动资产减去存货叫速动资产。速动就是快速流动。从概念上，一般认为存货的流转速度比应收账款和应收票据慢。所以在流动资产里减掉存货以后，感觉周转起来就快了。用速动资产除以流动负债所形成的比率叫速动比率。

第三，负债总额与资产总额的比率。这个比率就是资产负债率。这个比率一般会被用来衡量企业资产对债务的依存度，也可以用来衡量企业的融资潜力或者偿债风险。

这三个都是读者应该耳熟能详的比率。我相信有的读者即使没学过会计，也会在各种各样与企业财务分析有关的文献里见过这些比率。

下面就来讨论这几个比率以及我个人创造的新比率。

一、流动比率

首先请读者了解一下，你所在单位或者你关注的企业的流动比率是多少？

不论你用的是哪个企业的财务数据，结果不外乎这样几种：流动比率大于 1，流动比率小于 1，或者流动比率接近 1。

现在问题来了：流动比率多高比较好?

学过会计的读者可能马上会想到，你所看到的教材或者在课堂上老师曾经告诉你：这个比率维持在 2∶1 左右比较好。理由看上去还很充分：这个水平的流动资产对流动负债的保障程度是很充分的。

但是，我要说，千万不要这样认识问题。下面举一个例子。

假设在某个会计期末，一个白酒生产企业的流动资产和流动负债的结构很极端：流动资产只有一项——存货，流动负债只有一项——预收款项。存货的账面价值为 2 亿元，预收款项的账面价值为 10 亿元。假设该企业白酒的毛利率为 90%（营业收入减去营业成本等于毛利；对于白酒生产企业来讲，营业成本是指企业已经销售的白酒的生产成本；毛利率是毛利除以营业收入所得到的比率）。

计算一下流动比率是 1∶5。仅仅看这个比率，你会对企业感到担忧。但是，如果考虑企业存货的毛利水平，你会觉得特别开心：企业的 2 亿元存货中，只需要拿出 1 亿元的存货就可以抵偿这个 10 亿元的债务。在偿还了 10 亿元的债务后，另外的 1 亿元存货还可能为企业带来 10 亿元的预收款。

这个例子说明，在考虑企业流动资产对流动负债的保证能力时，既要考虑流动资产的结构和质量，也要考虑流动负债的结构和规模，尤其要关注流动负债中预收款项的规模及企业毛利率的水平。

我见过很多这样的企业：与流动负债相比，企业的流动资产长期规模偏低，也就是说，企业的流动比率长期不高。但这样的企业生存得很好，比如格力电器、青岛海尔等。

仔细想一想，企业较低的流动资产对较高的流动负债提供保证并能够长期存在说明了什么？

至少从数量对比关系来看，企业流动负债的规模较高。我在前面曾经谈到，企业的经营性流动负债的核心是应付票据、应付账款和预收款项。如果企业较高的流动负债中这三项占据主导地位，说明企业与上下游的关系具有较好的竞争优势：较高的应付票据和应付账款说明企业可以获得供应商提供的商业信用，利用供应商提供的资源获得发展；较高的预收款项则说明企业可以在提供商品或者劳务前直接获得买方提供的货币资金，利用买方提供的资源获得发展。

因此，可以这样认为：如果一个企业的流动比率较低并能够长期存在，且流动负债以经营性负债为主，该企业可能具有显著的竞争优势。

二、速动比率

速动比率保持在多大范围内比较恰当的问题与流动比率一样，你所看到的教材或者在课堂上老师可能曾经告诉你：这个比率维持在1∶1左右比较好。理由看上去也很充分：在剔除周转缓慢的存货以后，这个水平的速动资产对流动负债的保障程度是很充分的。

在这个问题上，我有两点要与读者交流：第一，关于比率的数值。与流动比率一样，对于速动比率，一定要考察企业速动资产的结构和流动负债的结构。如果企业的速动比率较低并能够长期存在，且流动负债以经营性负债为主，该企业可能具有显著的竞争优势。第二，关于比率的价值。我已经从事了20多年财务报表分析的理论研究与实际应用。我在实践中没有感到速动比率可以提供更多认识企业经营活动及其营运质量的信息。因此，我在分析中从来不关心速动比率。

三、资产负债率

第三个重要的比率是资产负债率。同样的问题要问读者：“资产负债率多高才是需要关注的?”

根据我观察到的情况，按照中国资本市场的监管要求，如果企业的资产负债率超过 70%，就需要引起关注了。这意味着，企业已经达到较高的风险水平——企业的财务风险较高。

但是凡事有它的另一面。如果读者去看珠海格力电器的财务报表，你会发现该企业的资产负债率长期高于 70%。但是格力电器并没有因为这么高的资产负债率而陷入财务危机，它的偿债能力是相当不错的。

为什么呢？考察一下企业的债务结构就会发现，企业的资产负债率虽然高，但是它的贷款规模不高。这就是说，仅仅关注企业资产负债率还是不够的，还必须看债务的结构。

我们来看一下格力电器股份有限公司的母公司 2016—2018 年年末的资产负债表（见表 4 - 1）。

表 4 - 1 格力电器资产负债表 单位：元

报告期	2018 - 12 - 31	2017 - 12 - 31	2016 - 12 - 31
报表类型	母公司报表	母公司报表	母公司报表
流动资产：			
货币资金	102 696 932 265	97 829 294 130	94 358 894 092
以公允价值计量且其变动计入当期损益的金融资产	412 114 127	300 195 121	

续表

报告期	2018-12-31	2017-12-31	2016-12-31
报表类型	母公司报表	母公司报表	母公司报表
衍生金融资产	73 920 208	16 063 507	250 848 419
应收票据及应收账款	35 047 382 638	29 431 074 867	29 711 017 824
应收票据	32 516 210 776	28 046 280 905	28 681 394 852
应收账款	2 531 171 862	1 384 793 963	1 029 622 973
预付款项	11 907 653 261	8 728 589 231	7 336 373 722
其他应收款（合计）	3 898 630 874	4 220 315 796	2 137 330 269
应收利息	1 803 079 868	1 666 284 432	1 289 154 901
其他应收款	2 095 551 006	2 554 031 364	848 175 368
存货	8 529 208 778	10 803 398 501	7 847 311 119
其他流动资产	12 311 814 484	5 261 234 132	101 558 125
流动资产合计	174 877 656 635	156 590 165 287	141 743 333 569
非流动资产：			
可供出售金融资产	764 190 199	493 798 079	
长期股权投资	12 538 945 258	8 459 424 756	7 713 333 059
投资性房地产	26 777 856	29 079 981	30 324 919
固定资产（合计）	3 124 307 345	3 368 303 168	3 510 540 442
固定资产		3 367 990 958	3 482 273 291
固定资产清理		312 209	28 267 151
在建工程（合计）	168 094 835	115 844 336	92 157 312

续表

报告期	2018-12-31	2017-12-31	2016-12-31
报表类型	母公司报表	母公司报表	母公司报表
在建工程		115 844 336	92 157 312
无形资产	748 344 213	513 797 868	526 591 622
递延所得税资产	10 931 512 853	10 512 001 060	9 063 947 017
其他非流动资产	130 258 605	122 821 967	243 648 987
非流动资产合计	28 432 431 164	23 615 071 215	21 180 543 359
资产总计	203 310 087 799	180 205 236 502	162 923 876 928
流动负债：			
短期借款	17 759 081 480	12 174 152 000	7 136 785 600
衍生金融负债	45 078 940	38 010 118	32 218 000
应付票据及应付账款	44 915 851 039	47 329 886 374	51 838 807 552
应付票据		9 123 098 987	10 045 470 518
应付账款		38 206 787 387	41 793 337 033
预收款项	13 470 828 988	16 548 929 401	14 791 379 087
应付职工薪酬	1 114 026 323	808 745 205	733 818 960
应交税费	2 902 885 193	2 848 508 250	1 875 319 977
其他应付款（合计）	1 795 358 033	783 158 863	604 032 142
应付利息	108 650 144	184 231 021	43 053 053
应付股利	602 882	602 882	602 882
其他应付款	1 686 105 006	598 324 961	560 376 207
其他流动负债	63 348 220 748	60 900 715 131	60 107 149 648
流动负债合计	145 351 330 743	141 432 105 342	137 119 510 965

续表

报告期	2018-12-31	2017-12-31	2016-12-31
报表类型	母公司报表	母公司报表	母公司报表
非流动负债：			
长期应付职工薪酬	130 840 170	112 708 961	117 732 064
递延所得税负债	311 380 274	254 610 929	232 395 963
递延收益	30 607 319	27 780 600	130 349 609
非流动负债合计	472 827 763	395 100 490	480 477 636
负债合计	145 824 158 506	141 827 205 832	137 599 988 601
所有者权益：			
股本	6 015 730 878	6 015 730 878	6 015 730 878
资本公积	179 564 696	190 973 495	190 973 495
其他综合收益	—330 283 919	—69 906 378	—18 336 753
盈余公积	3 497 114 024	3 497 114 024	3 497 114 024
未分配利润	48 123 803 615	28 744 118 651	15 638 406 683
所有者权益合计	57 485 929 293	38 378 030 670	25 323 888 327
负债和所有者权益总计	203 310 087 799	180 205 236 502	162 923 876 928

从上述数据看，该公司每年末的资产负债率都超过了70%。但没有人认为比率这么高，企业可能会出现偿债能力的问题。

这是什么原因呢？

考察一下企业的债务结构会发现，企业的负债虽然比较高，但主要是经营性负债，而金融性负债（即各种贷款）的规模并不高。经营性负债中预收款项还有一定的规模。

这说明，第一，企业的债务以经营性负债为主且长期存在。这意味着企业的业务发展导致了经营性负债；第二，企业的金融性负债不多，且每年末货币资金的规模非常高，基本可以排除企业的贷款是由于经营或者扩张的原因而举借的，因此不用对企业偿还贷款的能力存疑；第三，预收款项还在一定程度上夸大了企业的负债规模。

如果进一步考察企业的利润表（有兴趣的读者可以上网查找），你会发现，企业的业务规模、净利润规模等都保持稳定增长。

因此，在企业营业规模稳定发展、盈利能力较强、债务规模以经营性负债为主的情况下，较高的资产负债率并不可怕。

四、资产金融负债率

根据我对中国企业财务报表的观察和分析，我认为有必要建立一个与资产负债率有所区别的度量企业风险的财务比率——资产金融负债率。

资产金融负债率是指企业的金融性负债（即各种有息负债）除以资产总额所形成的财务比率。资产金融负债率反映了企业对有息负债的依赖程度。

我们前面讨论的资产负债率之所以在度量企业对债务的偿还能力时力不从心，主要是因为资产负债率并没有区分企业的债务中哪些是金融性负债，哪些是经营性负债。

而区分经营性负债和金融性负债的意义非常重大：与企业的经营性负债取决于企业的业务规模和竞争力不同，金融性负债则主要取决于企业的发展或者扩张需求。这就是说，企业金融性负债的偿还将取决于企业所做的发展或者扩张决策的正确性。

因此，企业的资产金融负债率是度量企业偿债能力更好的指标。根据我的研究，当企业的资产金融负债率超过50%时，就要关注其偿还债务的风险。

五、案例分析：泛华体育

到这里，关于企业资产负债表所包含的财务比率的讨论就告一段落了。

最后，请读者根据泛华体育母公司的数据（见表4-2）计算一下流动比率、速动比率、资产负债率和资产金融负债率，体会一下上述比率对评价资产负债表某些方面的价值。

表 4-2　泛华体育资产负债表　　单位：元

	2018-12-31	2017-12-31
报告期	年报	年报
报表类型	母公司报表	母公司报表
流动资产：		
货币资金	32 756 039.07	23 714 860.34
以公允价值计量且其变动计入当期损益的金融资产	4 162 268.00	13 749 112.15
应收票据及应收账款	57 376 847.98	64 567 697.91
预付款项	11 266 074.80	865 035.77
其他应收款	3 166 994.73	3 065 874.67
存货	46 500 451.29	49 112 480.19
其他流动资产	1 894 929.21	32 303.96
流动资产合计	157 123 605.08	155 107 364.99
非流动资产：		
可供出售金融资产	26 500 000.00	26 500 000.00
长期股权投资	259 687.06	50 000.00
固定资产	9 682 745.22	10 721 794.03
无形资产	52 728.92	60 411.92
递延所得税资产	1 499 839.40	1 049 969.63
非流动资产合计	37 995 000.60	38 382 175.58
资产总计	195 118 605.68	193 489 540.57
流动负债：		
短期借款		
应付票据及应付账款	42 988 764.64	30 338 869.98

续表

	2018-12-31	2017-12-31
报告期	年报	年报
报表类型	母公司报表	母公司报表
预收款项	19 579 957.02	6 246 040.84
应付职工薪酬	95 487.12	55 610.92
应交税费	1 501 637.19	1 033 575.91
其他应付款	4 484 260.66	5 948 660.63
其他流动负债	1 311 495.71	3 755 545.17
流动负债合计	69 961 602.34	47 378 303.45
负债合计	69 961 602.34	47 378 303.45
所有者权益（或股东权益）：		
股本	80 000 000.00	80 000 000.00
资本公积	25 757 925.35	25 757 925.35
其他综合收益	4 089.80	
盈余公积	4 035 331.18	4 035 331.18
未分配利润	15 359 657.01	36 317 980.59
所有者权益合计	125 157 003.34	146 111 237.12
负债和所有者权益总计	195 118 605.68	193 489 540.57

计算完上述比率并进行思考以后，读者会发现，就流动比率、速动比率、资产负债率和资产金融负债率等的年末表现来看，企业的流动资产周转能力较强，企业资产对债务的保障程度较高。由于企业不存在各类贷款，也就不存在偿还贷款的风

险问题。

此外，我想再强调几点：

第一，企业不仅没有非流动负债，在流动负债里也没有短期借款，企业的货币资金还在增加。这意味着，在不融资的情况下，企业的经营活动现金流量完全可以维持正常的经营。

第二，企业的固定资产和无形资产的规模略有下降，意味着企业在年度内固定资产和无形资产的规模没有显著增长，数据下降可能是因为企业进行了固定资产折旧与无形资产摊销。固定资产和无形资产的稳定，一般意味着企业的经营是稳步发展的，或者至少说明现在的非流动资产规模可以维持企业的经营活动。

第三，企业的流动资产和流动负债反映了企业年度内经营活动的结果。在会计期末（年度末），企业的应收账款、存货等经营性流动资产有所下降，在企业业务发展的情况下，这种下降应该理解为企业强化债权回收和存货周转的结果；在流动负债方面，预收款项明显增加，在存货有所下降的情况下，企业的应付账款也有所增加，说明企业利用供应商的资金发展自身业务的努力取得了新的进展。就这几个项目的对应关系来看，上述情况虽然会使流动资产对流动负债的保障程度略显不足，但实际上是企业与上下游关系的竞争力得到强化的结果。

第 5 讲 / *Chapter Five*

经营资产的结构与分析

在上一讲，我们重点谈了与资产负债表有关的三个传统财务比率——流动比率、速动比率，以及资产负债率，此外还介绍了我自己创造的一个比率——资产金融负债率。

这一讲我们将讨论更重要的经营资产的结构与分析。

一、会计概念与企业管理

我们在前面谈过，本书中所讨论的中小企业的重要特征是，其资产结构以经营资产为主。

根据我的经验，在资产负债表的分析中，比财务比率分析更重要的是对经营资产进行结构分析。

到现在为止，我们已经非常熟悉这样的内容：资产负债表的资产可以分为流动资产和非流动资产，负债可以分为流动负债和非流动负债，资产与负债加上股东权益是恒等的。

请读者想一想，上面这些关系反映的是什么？

资产负债表的这种关系反映的是会计概念之间的关系，资产、流动资产、非流动资产、负债、流动负债、非流动负债、股东权益等都是会计的核心概念。

问题来了：上述概念里有战略吗？企业管理者关心的是会计概念之间的关系，还是会计概念所反映的管理问题？

显然，企业管理者关心会计概念的内涵，更关心企业的各种管理活动在财务报表上的痕迹。

下面的讨论将尽力把财务报表信息与企业管理结合起来。

二、资产结构的行业特征

企业管理者马上要提的问题是："面对一个企业的资产负债表，怎样看待它的行业特征？怎样看待其发展战略？"

我先给大家讲一个真实的故事。

一个企业家找到我，说他的公司是一家制造业企业。在过去几年中，公司业务一直处于稳步发展阶段。产品的毛利率较高，市场占有率和综合盈利能力都不错，公司的产品也符合国家的产业政策。公司经研究决定，为进一步做大做强，希望通过融资提高企业生产的技术装备水平。希望我就公司的融资方案提出建议。

经了解得知，该企业属于符合国家环境保护政策的制造业。整个行业的集中度较低，该企业在行业中居龙头地位。过去几年企业的营业收入持续增长，毛利率保持稳定，盈利能力也较为稳定。经营活动产生现金净流量的能力较强。

从资产负债表的资产结构来看，企业非流动资产中固定资产和无形资产占比较低，整个企业资产中流动资产占比较大——企业属于轻资产类企业。

企业拟定的建设方案是：用企业现有固定资产原值的 6 倍进行新的固定资产建设，当然，新建设的固定资产将全部采用国外进口设备，技术含量会显著提升。新的固定资产的生产效率将有大幅提高。

我跟该企业家讲，要想说服投资人投资你这个项目，你应该解决以下几个问题：

第一，虽然在技术含量上拟定中的建设项目将有大幅提升，但同时企业的资产结构中非流动资产的规模也将显著增长。如果未来新的固定资产所生产的产品与现有固定资产生产的产品雷同，在其他因素基本不变（原材料价格、投入产出比以及产品成本中人工成本的含量等基本不变。当然，新的高技术设备会降低产品成本中的人工成本含量以及原材料消耗等，但这种降低是比较确定的）的情况下，就意味着企业的市场规模要扩大到现有市场的7倍，才能够维持现有的毛利率水平（假设价格基本不变）。企业未来的市场规模是否有这么大的增量？

第二，如果未来市场增量达不到这样的预期，则企业有较大的可能面临毛利率下降的情形。在单位产品盈利能力下降的情况下，企业必须通过降低其他方面的综合消耗来提升整体盈利能力。

第三，未来实施新的建设项目以后，即使利润表上的主要财务指标如营业收入、营业利润、利润总额以及净利润的规模均有所增长，资产报酬率也可能会下降。

最后，我的建议是：是否实施这个技术改造工程，取决于你们企业的追求：是追求营业收入和利润的最大化，还是追求总资产报酬率的最大化，或是有其他的战略目标。

在这个案例中，我是从企业资产结构变化会导致一系列的变化这个角度向对方提出建议的。

那么，我们怎样从资产结构中捕捉企业的行业特征信息呢？

虽然资产负债表不可能展示各类企业全部的行业特征，但相当多的企业资产负债表包含了丰富的企业所处行业的特征信息。

请读者想几个不同行业的企业。

首先想一个酒店。

这个酒店是怎么运营的？假设这个酒店是自己建楼去经营，它基本上就是从事房屋出租这样一种经营活动，别的业务不多，即使有的话，也是围绕客房出租来进行的。

请读者想一想，自建楼房进行酒店经营的企业的资产结构是怎么样的？

这个企业有一定规模的货币资金。但有没有应收账款和应收票据呢？从酒店业的基本经营特点来看，企业的应收账款和应收票据一般不多。

酒店经营活动通常是怎样进行的呢？

你在入住酒店前要预订，一般会缴纳一些押金，这个押金就是酒店的预收款项。

酒店有存货吗？有。每天往房间里放的那些东西就是存货。但这些存货基本上是快速消费品，是用于日常经营，而不是用于销售（当然，有一部分要销售）。因此，存货一般不是酒店资产非常重要的组成部分。

所以对于一个酒店类企业来讲，它的资产负债表里流动资产基本上就是货币资金，其他的不会有太多。

但自建酒店至少有一座楼，有各种设施——这些就是酒店的固定资产。因此，自建酒店的固定资产一定在总资产里有一个比较高的比重。

请读者再想一想，酒店有没有无形资产？

酒店当然会有无形资产。有哪些无形资产呢？在自己建设酒店的条件下，酒店所使用土地的使用权属于无形资产。同时，为了管理酒店，还需要各种管理软件等，这些都属于无形资产。

总结一下，自建酒店类企业的经营资产结构的行业特征是：固定资产、无形资产、存货和货币资金构成资产的主体。

再想另一种酒店。

有的酒店不进行建筑物的建设，而是采用租赁的方式进行经营。

问题来了：这样的酒店以什么招牌承揽业务呢？

在现实生活中有很多这样的连锁酒店。对于一个特定的经营主体，经营者采用租赁的方式进行装修和运营，同时要支付连锁经营费用，按照某连锁经营酒店的品牌、服务质量等接受统一管理。

在这种情况下，企业承租的固定资产一般不计入自己的固定资产（如果会计准则要求承租的固定资产也计入资产，这种经营方式就会增加企业的固定资产）。但无形资产的规模可能较大，装修所形成的资产——长期待摊费用也会比较高。

下面请读者想一个贸易公司。

贸易公司可能有一些库房，也可能办公楼和库房都是租的，所以一些贸易公司的固定资产在非流动资产里占比不高。

但是贸易公司的存货就比较多了。这就是说，贸易公司的流动资产里会有一定规模的货币资金和存货。如果存货采用赊销方式销售的话，就会有应收账款、应收票据。

再想一个房地产开发企业。

房地产开发企业开发的楼盘属于存货，是企业的核心经营资产。但这种企业的固定资产可能非常少。在主要采用预收货款方式销售的条件下，房地产开发企业的应收账款和应收票据不会太多。

经过对上述几个不同行业企业资产结构的思考，读者是不是对行业所导致的企业资产结构的特征有所感悟？

总结一下，考察企业资产结构的行业特征时，主要应关注以下几个方面：

1. 流动资产与非流动资产的基本结构关系

虽然企业资产包含众多项目，但对于一般的中小企业而言，资产结构主要由经营资产组成，各项经营资产之间的关系较为紧凑，长期闲置资产不多。

因此，企业流动资产与非流动资产之间的数量对比，会在相当程度上体现出企业经营资产“轻”或者“重”的特征。

一般可以认为，当企业的非流动资产在资产总额中的占比超过 50%时，企业的资产结构就相当“重”了。

例如，传统的重工业制造企业、船舶运输企业、以自建固定资产从事经营活动的酒店企业、航空公司等企业的资产结构中，非流动资产通常占比较高。

另外，以租赁为主要方式解决自身经营场所的服务类企业、房地产开发企业以及轻工业制造企业等企业的资产结构中，流动资产通常占比较高。

2. 非流动资产中固定资产与无形资产的对应关系

对于传统的制造企业或者以重固定资产投入为基础进行生产经营的企业而言，固定资产往往成为非流动资产的主体。但是，随着互联网的发展，无形资产的种类日益多样且其价值不断提升，在一些新兴企业的资产结构中，与固定资产相比，无形资产占据了更高的比重。

因此，对于那些无形资产在非流动资产中占比较高的企业，应该重点考察其无形资产在未来发挥效应的潜力。

3. 固定资产、无形资产与存货的对应关系

在企业对固定资产（或无形资产）加以利用，生产或者形成特定产品的情况下，企业的核心经营资产中，固定资产、无形资产和存货之间就存在一定的数量对应关系。虽然这种对应关系是动态的，但上述三个项目的基本关联仍然对我们通过资产结构理解企业的行业特征具有重要意义。

下面我们以泛华体育的数据为基础，对该公司的行业特征进行分析（泛华体育的资产负债表参见表2-1）。

在全部约1.95亿元资产总额中，企业的非流动资产约0.38亿元，且非流动资产的主体居然是与企业经营活动毫无关联的可供出售金融资产（约0.27亿元），固定资产和无形资产的规模较低（无形资产的规模更低）。这说明企业的经营性非流动资产是很“轻”的——企业不需要大规模固定资产建设就可以形成重组的生产经营能力（当然，如果采用外包的经营方式，企业自身保有的固定资产也不会很多）。

就无形资产、固定资产与存货之间的关系来看，企业的存货虽然比年初有所下降，但仍然在2018年年底达到了0.47亿元的规模。这就是说，从固定资产、存货和无形资产的基本关系来看，要么是企业的生产工艺较为简单——对外购原材料、配件等进行简单的生产或者组装就形成可供出售的存货，要么是企业直接购入商品加价销售。

三、资产结构的管理特征

资产结构的管理特征，包括特定行业条件下的内部资产结构安排以及通过产品或者劳务的采购与销售所形成的上下游关系。

对于特定的企业而言，影响其核心经营资产结构（主要涉及固定资产、无形资产以及存货之间的内在联系）的因素，除了所处的特定行业，还包括企业管理层的管理。换句话说，每一个企业的基本经营资产结构与其管理关系极大。

例如，用什么样的固定资产技术装备（是采用世界先进技术水平的装备还是一般技术水平的装备）去从事生产经营活动？按照什么样的储备标准确定企业存货的规模？采用什么样的生产经营控制系统来管理企业的生产工艺流程和质量？这些管理与决策将直接决定特定企业的核心经营资产的规模、结构及其相互关系。

除了上面讨论的固定资产、无形资产和存货的行业特征所表现出来的核心经营资产之间的内部关联，我们还要关注企业与上下游之间的关系所表现出来的企业经营资产结构的管理特征。在经营资产中体现企业与上下游之间关系的项目中，有三个项目与此类特征有直接关系。

1. 应收票据

我们在前面曾经介绍过，应收票据是企业因赊销商品或者劳务、采用商业汇票结算方式而形成的债权。此类业务发生时，在财务报表中表现为资产负债表的应收票据项目增加和利润表的营业收入项目增加。也就是说，这类业务发生后，增加利润的有利因素——营业收入增加了，但这种利润增加所带来的并不是货币资金增加，而是应收票据债权增加。

从可回收性来看，应收票据的可回收性是好的。因此，此类债权的质量比较高。

2. 应收账款

与应收票据类似，应收账款也是企业因赊销商品或者劳务而形成的债权，只是结算采用双方合同约定的方式进行，买方不向卖方开具商业汇票。此类业务发生时，在财务报表中表现为资产负债表的应收账款项目增加和利润表的营业收入项目增加。也就是说，这类业务发生后，增加利润的有利因素——营业收入增加了，但这种利润增加所带来的既不是货币资金增加，也不是质量较高的应收票据债权增加，而是质量相对较低的应收账款债权增加。

从可回收性来看，应收账款的可回收性取决于债务人的信用及财务状况。对于质量较低且发生坏账损失的应收账款，企业会在会计期末进行计提，将已经出现的坏账损失计入当期利润表，冲减利润。

这就是说，在应收账款与应收票据之和一定的条件下，我们更愿意看到质量更高的应收票据占据主体。当应收账款占据主体时，企业的债权质量相对较低；当应收票据占据主体时，企业的债权质量相对较高。

但是，在对外销售形成债权时，并不是任何一个企业都可以如愿获得商业汇票。能否获得商业汇票，取决于企业相对买方的竞争地位：当企业明显处于优势的时候，往往要求买方提供商业汇票才达成交易。

这就是说，应收账款和应收票据的规模不是自然形成的。影响应收账款和应收票据规模的重要因素是企业管理上下游关系的能力，它是企业竞争力的一个重要方面。应收票据占据主体的企业更有竞争力。

3. 预付款项

预付款项是由于采购存货等物资需要向供应方预先支付货款而形成的债权。

除了一般性的商业惯例，产生预付款项在很大程度上取决于企业管理上下游关系的能力：管理能力强、在竞争中居主导地位的企业不会大量、大批、长期地对外支付预付款项。

四、案例分析：泛华体育

下面我们以泛华体育的数据为基础，对该公司的资产管理特征进行分析（泛华体育的资产负债表参见表 2－1）。

如果我们对该企业的经营资产进一步考察，就会发现这样的情况：除了前面讲的固定资产、无形资产、存货所展示出来的行业特征，与上下游关系管理有关的资产类项目是应收票据、应收账款和预付款项。

我们看一下：该企业期末没有应收票据，只有应收账款。这说明在企业所处的行业，上下游不流行使用商业汇票结算，或者该企业在与买方的业务往来中，没有要求买方提供商业汇票的能力。从应收账款项目年末与年初的数量来看，应收账款规模在减少。在企业业务发展、期末没有计提大规模债权减值损失的情况下，期末应收账款减少应该是企业回款较为旺盛、企业债权质量较高的反映。

还要注意的是，企业年末的预付款项有所增加。预付款项增加将会提前占用企业的优质资产——货币资金，造成企业资金紧张。因此要注意预付款项增加的原因。一般来说，预付款项增加可能是由于企业的竞争地位下降、近期财务状况不佳；也可能是由于企业的供应商结构出现较大变化，企业与新的供应商缺乏商业上的互信；还可能是由于企业的业务规模扩大、采购量增加。

五、关于不良资产的讨论

最后我们讨论一下不良资产的问题。

企业管理者经常关心的一个问题是：不良资产在哪里？

那么，什么是不良资产？什么是优质资产？

这涉及资产的质量问题。为了说明资产的质量问题，我举一个简单的例子。

一个特定的资产，比如企业正在使用的一台电脑是优质资产还是不良资产？一般可以从两个方面进行考察。

一方面，看看这台电脑是新的还是已经用了好多年，电脑的使用性能怎样。这是最直接的考察。实际上，考察关注的是特定资产的物理质量。

另一方面，可以从企业在不同时期对特定资产的具体要求的角度来考察。

对于企业来讲，仅仅关注特定资产的物理质量是远远不够的。企业拥有某项特定资产，一定是为了完成某项使命或者工作任务。因此，考察企业特定资产的优质与不良，更要关注特定资产与特定时期企业的经营活动及发展目标之间的关系。

如果企业的经营活动根本不需要物理质量极高的资产，但企业却由于各种原因把它买进来，从与企业业务之间的关联角度看，这种不需要的所谓优质资产就是不良资产。

因此，从企业管理的角度来看，那些能够为企业发展战略服务，并能够贡献应有力量或者能够被企业利用的资源，构成企业的优质资产。

那些不能为企业发展战略服务，不能贡献应有力量或者不能被企业按照预期利用的资源，是否构成企业的不良资产？这些资产可以归于两类不良资产：第一类，闲置不用或者利用率不高的资产；第二类，周转缓慢的资产，比如周转缓慢的存货、回收期变长的各种债权。

所以，企业的不良资产主要隐藏在这样几个地方：第一，在固定资产和无形资产里——那些利用率不高或者闲置的固定资产（未使用、不需用的固定资产都是不良资产）、难以在未来发挥作用的无形资产等；第二，在存货里——超过保质期的存货、因市场变化严重贬值的存货等；第三，在债权里——被关联方占用的资产、供应商出现严重问题难以供货的预付款项等。

第 6 讲 / *Chapter Six*

负债与股东权益的再认识

我们在上一讲对经营资产的行业特征与管理特征进行了分析。这一讲我们进一步讨论负债和股东权益。

通过前面的讨论，读者已经清楚了这样几个关系：第一，通过企业的资产结构分析，我们既可以透视企业的行业特征，也可以透视企业的管理特征；第二，与资产负债表有关的财务比率，如流动比率、速动比率、资产负债率和资产金融负债率等，在一定程度上反映了与资产负债表有关的财务状况；第三，资产与负债加股东权益是恒等的，意味着企业可利用的资源与企业的债权人和股东对企业资产的要求权是恒等的——企业的资产属于债权人和股东。

一、传统分析的关注点与企业家的关注点

似乎有前面几讲对企业资产负债表的认识就已经很全面了，但与格力电器总裁董明珠的两次谈话让我对资产负债表的右边（负债和股东权益）有了新的认识。

2002年7月至2008年6月，我担任格力电器的独立董事。在参加董事会活动期间，我与该公司当时的董事长朱江洪和总裁董明珠有较多接触。在那个时期，上市公司为其他企业的贷款提供担保，根据相关规定，如果被担保企业的资产负债率低于70%，则相关担保议案在董事会通过后即可实施；如果被担保企业的资产负债率高于70%，则相关担保议案在董事会通过以后，还需提交临时股东大会表决通过。这意味着，资产负债率达到70%是一个需要关注的风险因素。

大概在2007年，我与总裁董明珠谈到了格力电器的风险问题。

她跟我说，格力电器没有风险。我说，怎么能没有风险呢？看看格力电器的财务报表，企业的流动资产对流动负债的比率不高（长期处于1.1：1左右的水平），资产负债率很高（长期为70%左右）。

她说，那是你们理论界的分析。我不关注那些。我关注这

样几个方面：第一，我们没有贷款；第二，我们有利润；第三，我们企业的利润带来现金流量的能力非常强；第四，我们每年都向股东支付现金股利，在资本市场上很少有像格力电器这样的公司，从资本市场里没拿多少钱，反而给股东分的钱比从股东那里拿到的股本金还多。

这么多年过去了，如果计算格力电器母公司的财务比率就会发现，格力电器与资产负债表有关的比率如流动比率、资产负债率等仍然在原来的水平上徘徊。格力电器并没有因为这些财务分析界广泛关注的财务比率表现不佳而出现财务问题，反而发展得很好。

据媒体报道，在 2016 年下半年的一次股东大会上，格力电器的董事长兼总裁董明珠向股东说了这样一句话：格力电器有今天，不是因为你们（股东），而是因为我们（管理者和经营者）！

和董明珠的这两次谈话对我的启发很大：财务分析的传统理论关注的财务比率是否需要完善或者修正？怎样看待资产负债表右边——负债和股东权益中的信息含量？

二、案例分析：格力电器

我们来看一下格力电器 2018 年母公司的资产负债表（见表 6－1）。

表 6-1　格力电器资产负债表　单位：元

	2018-12-31	2017-12-31
报告期	年报	年报
报表类型	母公司报表	母公司报表
流动资产：		
货币资金	102 696 932 265	97 829 294 130
以公允价值计量且其变动计入当期损益的金融资产	412 114 127	300 195 121
衍生金融资产	73 920 208	16 063 507
应收票据及应收账款	35 047 382 638	29 431 074 867
应收票据	32 516 210 776	28 046 280 905
应收账款	2 531 171 862	1 384 793 963
预付款项	11 907 653 261	8 728 589 231
其他应收款（合计）	3 898 630 874	4 220 315 796
应收利息	1 803 079 868	1 666 284 432
其他应收款	2 095 551 006	2 554 031 364
存货	8 529 208 778	10 803 398 501
其他流动资产	12 311 814 484	5 261 234 132
流动资产合计	174 877 656 635	156 590 165 287
非流动资产：		
可供出售金融资产	764 190 199	493 798 079
长期股权投资	12 538 945 258	8 459 424 756
投资性房地产	26 777 856	29 079 981
固定资产（合计）	3 124 307 345	3 368 303 168
在建工程（合计）	168 094 835	115 844 336
无形资产	748 344 213	513 797 868

续表

	2018-12-31	2017-12-31
报告期	**年报**	**年报**
报表类型	**母公司报表**	**母公司报表**
递延所得税资产	10 931 512 853	10 512 001 060
其他非流动资产	130 258 605	122 821 967
非流动资产合计	28 432 431 164	23 615 071 215
资产总计	203 310 087 799	180 205 236 502
流动负债：		
短期借款	17 759 081 480	12 174 152 000
衍生金融负债	45 078 940	38 010 118
应付票据及应付账款	44 915 851 039	47 329 886 374
预收款项	13 470 828 988	16 548 929 401
应付职工薪酬	1 114 026 323	808 745 205
应交税费	2 902 885 193	2 848 508 250
其他应付款（合计）	1 795 358 033	783 158 863
应付利息	108 650 144	184 231 021
应付股利	602 882	602 882
其他应付款	1 686 105 006	598 324 961
其他流动负债	63 348 220 748	60 900 715 131
流动负债合计	145 351 330 743	141 432 105 342
非流动负债：		
长期应付职工薪酬	130 840 170	112 708 961
递延所得税负债	311 380 274	254 610 929
递延收益	30 607 319	27 780 600
非流动负债合计	472 827 763	395 100 490

续表

	2018-12-31	2017-12-31
报告期	年报	年报
报表类型	母公司报表	母公司报表
负债合计	145 824 158 506	141 827 205 832
所有者权益:		
股本	6 015 730 878	6 015 730 878
资本公积	179 564 696	190 973 495
其他综合收益	—330 283 919	—69 906 378
盈余公积	3 497 114 024	3 497 114 024
未分配利润	48 123 803 615	28 744 118 651
所有者权益合计	57 485 929 293	38 378 030 670
负债和所有者权益总计	203 310 087 799	180 205 236 502

对2018年12月31日负债和股东权益的结构进行分析，我们会发现这样的信息：

在负债与股东权益之和的2 033亿元中，代表股东入资的股本和资本公积之和约62亿元（由于企业在有的年份进行了股票股利的分配，因此，股东入资的数据应该小于这个数字。这个数字代表了股东可能入资的最大数据），代表企业利润积累的盈余公积和未分配利润之和约516亿元，企业短期借款约178亿元（考虑到企业的货币资金规模巨大，企业的短期借款不应理解为是企业的经营与投资需要引起的）；而经营性负债的规模高达1 280亿元！

这就是说，在企业全部资产 2 033 亿元中，股东的直接投资不足 62 亿元。银行借款之所以发生，大概率是企业所面临的金融环境导致的。而支撑企业资产的主体是由企业经营活动的规模和竞争力决定的经营性负债以及累积利润。而累积利润也是通过企业的日常经营管理来获得的。

因此，董明珠所说的“格力电器有今天，不是因为你们（股东），而是因为我们（管理者和经营者）”是有财务数据支持的。

如果在把负债和股东权益理解为企业资源的要求权的同时，还将其理解为企业资源的动力，那么对企业的认识会更加深化（见表 6－2）。

表 6－2　企业的动力来源

动力结构	主要报表项目	动力来源
经营性负债	所有经营性负债（流动负债项目、非流动负债项目）	企业业务规模和竞争力（管理者和经营者的贡献）
金融性负债	所有有息负债项目（流动负债项目、非流动负债项目）	金融机构
股东入资	股本（实收资本）、资本公积	股东
利润积累	盈余公积、未分配利润	企业盈利能力（管理者和经营者的贡献）

这就是说，如果把企业负债和股东权益理解为企业发展的动力机制的话，企业发展的来源就是四大动力（经营性负债、金融性负债、股东入资和利润积累）、三大贡献者（来自股东的贡献、

来自金融机构的贡献、来自企业管理者和经营者的贡献）。

三、案例分析：泛华体育

从前面泛华体育 2018 年财务报表的展示中可以看到，在负债与股东权益之和约 1.95 亿元中，金融性负债为零（短期借款与长期借款等贷款类项目均为零），股本与资本公积之和约 1.06 亿元，经营性负债约 0.70 亿元，盈余公积与未分配利润之和约 0.19 亿元。

这说明，企业的股东入资与经营活动所带来的货币资金结合在一起，完全能够维持企业当前的经营活动。暂时没有进行新的融资意味着企业的经营活动处于稳定发展阶段。

本节所讨论问题的意义在于，对企业发展的动力结构进行分析，可以在一定程度上对企业未来的发展进行预测：在企业不融资尤其是不进行债务融资的情况下，企业当前的经营活动一般处于稳定发展的状态，股东入资和经营活动所带来的货币资金完全能够满足企业经营活动的需要；在企业的债务结构以经营性负债为主的情况下，企业的发展主要靠企业的管理者和经营者所进行的经营活动；在企业的债务结构以金融性负债为主的情况下，企业可能正在进行固定资产与无形资产的扩张，面临新的业务发展机会等。

更重要的意义在于：资产负债表右边——负债与股东权益所揭示的企业发展的动力结构，将对企业的发展产生根本性的影响。企业持续发展的根本动力来自负债与股东权益所代表的各种利益相关者（股东、债权人、雇员等）的利益协调。

四、对资产负债表揭示信息的进一步讨论

到现在为止，我们对资产负债表的左边——资产有了这样的认识：资产负债表揭示了企业的行业特征和管理特征。通过资产结构的不断变化，企业可以在资产的中转中实现利润。因此，企业资产组合与管理的直接目标是获得利润。

通过对资产负债表的右边——负债和股东权益的分析，我们也有了新的认识：负债和股东权益揭示了企业发展的动力结构——谁向企业提供了资源？这个资源提供者可能是股东，也可能是金融机构，还可能是上下游关系所形成的商业资源提供者，更可能是企业员工（通过他们的管理与经营活动获取外部资源）。

因此，考察企业资产的结构特征与管理特征，我们关注的是企业的利润产生机制；考察企业负债与股东权益的结构特征，我们关注的是企业的利益协调机制——企业对利益相关者利益的协调将决定企业的发展方向。

第 7 讲 / *Chapter Seven*

资产负债表整体案例分析：泛华体育

到现在为止，我们已经讨论了不少资产负债表的问题，包括对资产负债表基本结构的认识、对资产负债表基本概念的认识、对资产负债表基本财务比率的认识等。

除了对传统的资产负债表的基本关系进行介绍，我们还将企业的财务信息与企业管理结合起来对资产负债表进行了讨论，包括对资产结构揭示的信息的讨论、对负债与股东权益结构揭示的信息的讨论等。

可以说，基于前面的讨论，读者对企业资产负债的认识有了一定的深入。

有的读者觉得还是不过瘾，希望以一个真实的企业财务报表为基础，对企业的资产负债表进行整体分析。下面以泛华体育 2018 年的资产负债表为基础进行讨论。为方便起见，我们把该公司的财务报表数据再次展示给读者（见表 7-1）。

表 7-1　泛华体育资产负债表　　单位：元

	2018-12-31	2017-12-31	2016-12-31
报告期	年报	年报	年报
报表类型	母公司报表	母公司报表	母公司报表
流动资产：			
货币资金	32 756 039.07	23 714 860.34	15 045 524.57
以公允价值计量且其变动计入当期损益的金融资产	4 162 268.00	13 749 112.15	
应收票据及应收账款	57 376 847.98	64 567 697.91	56 108 393.07
应收票据			5 300 000.00
应收账款	57 376 847.98	64 567 697.91	50 808 393.07
预付款项	11 266 074.80	865 035.77	1 079 821.24
其他应收款（合计）	3 166 994.73	3 065 874.67	1 452 161.65
其他应收款	3 166 994.73	3 065 874.67	1 452 161.65
存货	46 500 451.29	49 112 480.19	45 215 391.83
其他流动资产	1 894 929.21	32 303.96	100 402.73
流动资产合计	157 123 605.08	155 107 364.99	119 001 695.09
非流动资产：			
可供出售金融资产	26 500 000.00	26 500 000.00	41 800 000.00

续表

	2018-12-31	2017-12-31	2016-12-31
报告期	年报	年报	年报
报表类型	母公司报表	母公司报表	母公司报表
长期股权投资	259 687.06	50 000.00	2 855 697.33
固定资产（合计）	9 682 745.22	10 721 794.03	10 779 092.71
固定资产		10 721 794.03	10 779 092.71
在建工程（合计）			
无形资产	52 728.92	60 411.92	59 983.06
递延所得税资产	1 499 839.40	1 049 969.63	348 914.07
非流动资产合计	37 995 000.60	38 382 175.58	55 843 687.17
资产总计	195 118 605.68	193 489 540.57	174 845 382.26
流动负债：			
短期借款			
应付票据及应付账款	42 988 764.64	30 338 869.98	35 192 215.16
应付票据			
应付账款		30 338 869.98	35 192 215.16
预收款项	19 579 957.02	6 246 040.84	2 952 077.97
应付职工薪酬	95 487.12	55 610.92	43 694.53
应交税费	1 501 637.19	1 033 575.91	1 231 068.08
其他应付款（合计）	4 484 260.66	5 948 660.63	4 277 758.20
其他应付款		5 948 660.63	4 277 758.20
其他流动负债	1 311 495.71	3 755 545.17	335 256.94
流动负债合计	69 961 602.34	47 378 303.45	44 032 070.88
非流动负债：			

续表

	2018－12－31	2017－12－31	2016－12－31
报告期	年报	年报	年报
报表类型	母公司报表	母公司报表	母公司报表
长期借款			
非流动负债合计			
负债合计	69 961 602.34	47 378 303.45	44 032 070.88
所有者权益（或股东权益）：			
股本	80 000 000.00	80 000 000.00	80 000 000.00
资本公积	25 757 925.35	25 757 925.35	25 757 925.35
其他综合收益	4 089.80		
盈余公积	4 035 331.18	4 035 331.18	2 505 538.61
未分配利润	15 359 657.01	36 317 980.59	22 549 847.42
归属于母公司所有者权益合计	125 157 003.34	146 111 237.12	130 813 311.38
少数股东权益			
所有者权益合计	125 157 003.34	146 111 237.12	130 813 311.38
负债和所有者权益总计	195 118 605.68	193 489 540.57	174 845 382.26

下面我们对该资产负债表进行分析。

一、考察企业资产总额的规模变化

一般来说，企业资产总规模在一定时期内无非是增加、减小和基本稳定。资产显著增长一般意味着企业可支配资源在增加，企业可能正在经历业务增长或者技术装备水平的升级；资产显著减少一般意味着企业业务规模在萎缩，或者企业的某些资产出现重大问题而被减值处理，或者企业正在经历业务结构的战略调整等；资产保持基本稳定，一般意味着企业业务规模处于稳定状态。当然，如果企业的资产结构出现重大调整，也可能意味着企业正在经历业务结构的战略调整等。

就泛华体育的数据而言，其资产总计由年初的1.93亿元增加到年末的1.95亿元。这意味着企业的资产在年内略有增长。看到这样的数据，一般会认为企业在资产和业务方面处于稳定发展的状态。

二、考察支撑企业资产的四大动力的变化情况

通过前面的学习，相信读者已经记住了：支撑企业发展的四大动力包括经营性负债、金融性负债、股东入资和利润积累。从实践来看，短时间内出现重大增长不太可能是由于经营性负债和利润积累，而往往是由于股东入资或者融资。

考察支撑企业资产的四大动力的变化情况意义重大：企业因融资导致资产快速增长，往往意味着企业的战略可能面临重大调整，或者企业的技术装备水平即将出现重大变化。在企业

股东新增入资导致资产增长的情况下，新增加的股东有可能对公司未来的治理结构产生重大影响；企业因经营性负债的规模增加导致资产增长，往往意味着企业的业务在市场上的竞争力在提高；企业因利润积累导致资产增加，往往意味着企业的盈利能力较强，且企业希望将利润用于企业的长期发展。

就泛华体育的数据而言，第一，企业没有金融性负债。我们在前面讨论过，企业现有的股东入资和经营活动所获得的现金完全可以满足企业的正常经营周转。这可能意味着，企业在短时间内没有大规模进行固定资产建设或者无形资产购置的计划。第二，企业的经营性负债大幅增加。实际上，企业的全部负债就是经营性负债。从增加的具体项目来看，企业的主要经营性负债如应付票据与应付账款之和、预收款项、应付职工薪酬和应交税费等都有不同程度的增长，而且前两项的规模显著增加。这意味着企业的业务规模年度内在扩大。第三，企业的股本和资本公积没有变化。这意味着年度内股东没有新的入资，企业的股东入资规模没有变化，企业的股权结构与治理状况也没有根本变化。第四，企业的未分配利润出现显著下降。这或者是由于企业当年市场竞争力下降或者市场竞争激烈导致企业出现亏损，或者是由于企业虽然有盈利能力，但将本年度利润加上部分以前年度累计利润向股东进行了利润分配。

考察一下前面展示的泛华体育的利润表就会发现，企业当年净利润为负数，基本可以判断是企业盈利能力下降导致未分配利润下降。

结论：尽管年末和年初资产变化不大，但是企业由商业负债（应付票据、应付账款和预收款项）代表的业务规模在当年的显著增长引起资产的增长。除了业务变化引起资产增长以外，还有一个盈利状况的变化或者累计利润状况的变化引起企业资产的下降。我们已经讨论了，这个下降是由于企业当年发生亏损所引起的。

三、考察资产结构的变化

对于资产结构的变化，首先应该考察企业固定资产、无形资产的变化情况。对于多数企业而言，固定资产和无形资产构成企业从事生产经营活动的基础。由于企业所从事的生产经营有不同的特点，有的企业无形资产的规模较大，有的企业固定资产的规模较大。在年度间明显发生固定资产和无形资产的变化，或者意味着企业的生产经营决策将发生重大变化或者调整，或者意味着企业相同业务的规模在未来会出现重大变化。当然，年度内没有发生重大变化的企业，一般认为其业务处于惯性发展的状态。

考察流动资产时主要应关注存货、与销售有关的商业债权

（应收票据与应收账款之和）以及预付款项（与购买有关的商业债权）在年度间的变化。一般来说，企业的存货、商业债权在相当程度上反映了企业年度内的业务发展状况。在营商环境相对稳定的条件下，如果企业的存货、商业债权均表现出增长的态势，一般认为企业的业务有了新的发展；如果企业的存货、商业债权均表现出降低的态势，一般认为或者企业加强了对经营性流动资产的管理、实现了在资产降低情况下的业务发展，或者企业的业务在萎缩。

就泛华体育的财务数据而言，第一，企业年末的固定资产和无形资产与年初相比有所下降。对于这种情况，一般认为企业的固定资产、无形资产的结构和规模在年度内没有明显变化，金额减少是因为年度内计提固定资产折旧与无形资产摊销。因此，可以判断，企业的技术装备水平和能力在年度内基本没有变化，企业的业务结构与上年相比差异不大。第二，企业的应收票据与应收账款的规模有所下降、存货有所下降，而预付款项有所增加。企业的应收票据与应收账款的规模有所下降、存货有所下降情形的出现，要么是由于企业在业务发展（主要表现为营业收入上升）的同时加强了经营资产的管理，要么是由于企业的业务规模在萎缩；而预付款项的增加则可能预示着企业的业务在发展。结合前面对企业经营性流动负债的分析，可以判断企业的业务在发展。

结论：在年度内，企业的技术装备水平基本没有变化，企业业务在既有的结构下进行。企业的经营性流动资产有增有减，反映了不同的管理和业务状况。结合经营性流动负债的情况可以判断，企业年度内的营业收入有所增加。这意味着企业对经营性流动资产的管理产生了较好的成效（经营性流动资产的核心项目应收票据、应收账款、预付款项和存货之和有所降低，但营业收入有所增长）。

四、考察企业营运资本管理状况

考察营运资本管理状况时，对于中小企业而言，核心问题是考察经营性流动资产的核心项目——应收票据、应收账款、预付款项和存货与经营性流动负债的核心项目——应付票据、应付账款、预收款项、应付职工薪酬和应交税费的动态对应关系。

结合前面的分析，我们看到的情况是：应收票据与应收账款之和、存货呈现出降低的态势，如果这种降低并不影响企业正常的销售活动，那么是企业加强存货和销售管理的结果；预付款项有所增加，极有可能是企业的采购规模增加引起的；应付票据与应付账款之和、预收款项、应付职工薪酬以及应交税费等项目的整体增加意味着企业经营活动的扩展。

这就是说，在考察营运资本管理状况的时候，我们的关注点应该集中到核心营运资本项目上，集中考察企业业务发展与核心营运资本管理的关系。

结论：从核心营运资本项目之间的关系来看，企业的营运资本管理效率在提高，企业业务在发展；从营运资本管理的角度来看，企业的业务发展态势良好。

五、考察企业的融资潜力

我们在前面曾经讨论过，企业的融资潜力不能只看资产负债率。考察企业的债务融资潜力时，更应该关注企业的资产金融负债率。

就泛华体育的数据来看，企业的资产负债率并不高，且由于企业的各类贷款为零，资产金融负债率为零。这意味着企业通过债务融资来寻求进一步发展是有空间的。

到现在为止，我们用五步完成了对一个经营型企业资产负债表的分析。应该说，按照这个框架对一个中小企业的资产负债表进行分析，能够识别企业的行业特征和资产管理特征、企业发展的动力来源、企业经营活动的发展状况以及企业的债务融资潜力。

建议读者找一些企业的资产负债表进行分析。

第 8 讲 / *Chapter Eight*

利润表的主要项目及其含义

我们在前面介绍中小企业财务报表的特征时，曾经简略地讨论了利润表的情况，现在对利润表进行较为详细的讨论与分析。

我们都知道，企业是以营利为目的的经济组织。从企业财务报表揭示企业财务状况的侧重点来看，资产负债表揭示了企业在特定时点（某一天）的资源规模、结构等方面的信息。利润表则揭示了一定时期内企业运用资源所产生的效益情况。

为介绍方便起见，下面还是展示一下泛华体育的利润表（母公司利润表）的信息（见表 8－1）。

表 8-1　泛华体育利润表　　单位：元

	2018 年度	2017 年度
报告期	年报	年报
营业总收入	101 615 460.54	89 728 479.63
营业收入	101 615 460.54	89 728 479.63
营业总成本	113 252 492.87	86 546 796.83
营业成本	90 502 718.43	69 295 132.06
税金及附加	319 127.38	486 510.15
销售费用		
管理费用	13 835 374.89	15 335 781.21
研发费用	7 109 487.80	
财务费用	50 550.37	35 176.91
其中：利息费用	12 135.62	
利息收入	308 238.30	
资产减值损失	1 435 234.00	1 394 196.50
加：其他收益		
投资收益	−7 692 486.50	13 960 109.48
公允价值变动收益	−1 563 897.83	−3 279 507.17
资产处置收益		17 377.89
汇兑收益	20 374.64	
营业利润	−20 873 042.02	13 879 663.00
加：营业外收入	17 300.00	1 167 850.00
减：营业外支出		
利润总额	−20 855 742.02	15 047 513.00
减：所得税费用	98 776.63	−246 607.81
净利润	−20 954 518.65	15 294 120.81

一、利润表主要项目的基本含义

按照现在利润表的基本结构，企业利润表的主要项目及其含义如下。

1. 营业收入

营业收入是指企业在销售商品、提供劳务及他人使用本企业资产等日常活动中形成的经济利益的总流入。由于结算方式不同，企业在确认营业收入的时候，或者直接引起货币资金的增加（现销），或者引起商业债权（应收票据或者应收账款）的增加，或者引起预收款项的减少（在采用预收款销售的模式下，企业因收取买方支付的预付款导致其货币资金增加时，要确认预收款项增加；在履行销售商品或者货物、提供劳务的义务后，企业营业收入的增加不再对应货币资金的增加，而是引起企业负债——预收款项的减少）。

2. 营业成本

营业成本是指与营业收入相关的已经确定了归属期和归属对象的成本。在不同类型的企业里，营业成本有不同的表现形式。在制造业或工业企业里，营业成本表现为已销产品的生产成本；在商品流通企业里，营业成本表现为已销商品的购进成本；而在服务类企业里，营业成本则表现为所提供劳务的服务成本。

3. 税金及附加

税金及附加是指企业经营活动应负担的相关税费，包括消费税、城市维护建设税、教育费附加、资源税、房产税、城镇土地使用税、车船税、印花税等。

4. 销售费用

销售费用是指企业在销售商品和材料、提供劳务的过程中发生的费用。一般包括应由企业负担的运输费、装卸费、包装费、保险费、销售佣金、差旅费、展览费、广告费、租赁费（不包括融资租赁费用）、销售人员的薪酬以及专设销售机构的经常性费用等。

5. 管理费用

管理费用是指企业行政管理部门为组织和管理企业生产经营活动而发生的各项费用支出，包括由企业统一负担的管理人员的薪酬、差旅费、办公费、劳动保险费、职工待业保险费、业务招待费、董事会会费、工会经费、职工教育经费、咨询费、诉讼费、商标注册费、技术转让费、排污费、矿产资源补偿费、聘请中介机构费、修理费、房产税、城镇土地使用税、车船税、印花税、审计费以及其他管理费用等。

6. 研发费用

研发费用是指企业与研究和开发相关且直接作为费用计入利润表的相关资源消耗，包括研发人员的人工费用、研发过程中直接投入的各项费用、与研发有关的固定资产折旧费和无形资产摊销费以及新产品设计费等。

在2018年年报中，研发费用与管理费用分别列示。此前，企业的研发费用并入管理费用。

7. 利息费用

利息费用是指计入特定会计期间的企业资金筹集和运用中发生的各项利息支出。在利润表上，2017年年报以前利息费用与利息收入一并在“财务费用”项目上反映。自2018年年报开始，上市公司除了列示财务费用，还要将利息费用与利息收入分别列示。

8. 资产减值损失

资产减值损失是指企业计提各种资产减值准备所形成的损失。上市公司自2018年年报开始，将原资产减值损失分为资产减值损失和信用减值损失分别披露。金融资产减值准备所形成的预期信用损失记入“信用减值损失”项目。

9. 其他收益

上市公司自2017年年报开始，将原属于企业营业外收入的部分政府补贴收入归入“其他收益”项目，并“升格”为营业内，作为营业利润的重要支柱进行披露。计入其他收益的政府补助是指那些与企业日常活动相关，但不宜确认收入或冲减成本费用的政府补助。

10. 投资收益

投资收益是指企业对外投资所取得的收益减去发生的损失后的净额。

11. 公允价值变动收益

公允价值变动收益是指以公允价值计量且其变动计入当期损益的金融资产、投资性房地产等项目的公允价值变动所形成的计入当期损益的利得（或损失）。

12. 资产处置收益

上市公司自 2017 年年报开始，将原属于企业营业外收入的资产处置（非流动资产处置）利得归入“资产处置收益”项目，并“升格”为营业内，作为营业利润的重要支柱进行披露。

13. 营业外收入

营业外收入是指企业获取的与其日常生产经营活动没有直接关系的各种收入，主要包括：非货币性资产交换利得、债务重组利得、企业合并损益、盘盈利得、因债权人原因确实无法支付的应付款项、教育费附加返还款、罚款收入、捐赠利得等。

14. 营业外支出

营业外支出是指企业发生的与其日常生产经营活动没有直接关系的各项损失，主要包括：盘亏损失、非常损失、罚款支出、公益性捐赠支出等。

15. 所得税费用

所得税费用是指企业根据企业会计准则确认的应从利润总额中扣除的一个费用项目，它是用经过调整的本期利润总额乘以企业适用的税率计算得到的。利润总额减去所得税费用后的余额即净利润。

二、几个基本的利润概念

1. 毛利

毛利是一个非常重要的概念，它反映企业的初始盈利能力。毛利往往与企业所处行业的特点和企业在行业中的竞争优势有关。毛利的计算公式为：

毛利＝营业收入－营业成本

2. 核心利润

核心利润用来反映企业自身经营活动所带来的利润。核心利润的概念是由我和钱爱民教授首先提出来的。本书中有关利润表的许多分析内容就是以核心利润为基础。核心利润的计算公式为：

核心利润＝毛利－税金及附加－期间费用（销售费用、管理费用、研发费用、利息费用）

3. 营业利润

营业利润是利润表上的一个概念。营业利润包括除去营业外收入和营业外支出的所有与利润有关的项目。在某些情况下，如果企业与经营活动无关的活动（如短期投资活动、非流动资产处置活动等）非常活跃，即使企业在核心利润上没有什么能力，也有可能在营业利润上有不错的表现。这就是说，营业利润并不一定与营业有关。请读者特别注意这一点。

营业利润的计算公式是：

营业利润＝营业收入－营业成本－税金及附加－销售费用－管理费用－研发费用－利息费用－资产减值损失－信用减值损失＋其他收益＋投资收益＋公允价值变动收益＋资产处置收益

4. 利润总额

利润总额是企业一定时期内各种活动所产生的利润总和。利润总额的计算公式为：

利润总额＝营业利润＋营业外收入－营业外支出

5. 净利润

净利润是企业一定时期内所获得的可用于股东分配的利润净额。净利润的计算公式为：

净利润＝利润总额－所得税费用

三、支撑企业利润总额的三个支柱

1. 核心利润

我们之所以创造“核心利润”的概念，是基于当前利润表中对“营业利润”概念的泛化处理——营业利润中营业的概念已经远远超出了人们日常生活中营业的概念。

从利润表各个项目的基本关系来看，在现行的营业利润的概念下，企业真正的盈利能力——经营活动的盈利能力被淹没在大量的与经营活动无关的项目中。为了清晰反映企业经营活动的盈利能力，我们创造了核心利润的概念。

那些主营业务竞争力强的企业的核心利润通常会在利润总额中占据主导地位。

2. 其他收益

其他收益由政府的各种补贴组成。在符合国家相关政策的条件下，企业可能由于获得各种政府补贴而提升其盈利能力。

3. 投资收益

在企业各类投资活跃且效益明显的条件下，企业的投资收益可能对利润总额有较大的贡献。

大多数中小企业的核心利润往往在利润总额中占据主导地位。

现在我们已经清晰地了解了企业利润表的基本结构，后面将介绍利润表的比率分析。

第 9 讲 / *Chapter Nine*

与利润表有关的比率分析

上一讲我们介绍了利润表的主要项目。除了利润表的主要项目及其内涵，我们还重点介绍了利润表里五个利润的概念。第一个概念是毛利；第二个概念是核心利润；第三个概念是营业利润；第四个概念是利润总额；第五个概念是净利润。

大量中小企业的日常活动中可能没有什么投资活动、外币交易活动、非流动资产的处置活动、政府补贴等。因此，中小企业的投资收益、公允价值变动收益、资产处置收益这几个项目的数字不大，这个时候中小企业的核心利润就与营业利润大体相当。

但核心利润与营业利润是两个不同的概念，我们也不能假设所有的企业在核心利润与营业利润之间的投资收益、公允价值变动收益、资产处置收益这几个项目上数字均为零。

因此，请读者认真体会核心利润与营业利润在概念内涵上的差异。

一、与利润表有关的财务比率

与利润表自身有关的财务比率主要包括毛利率、销售费用率、管理费用率、研发费用率、利息费用率、核心利润率、营业利润率和销售净利率等。

1. 毛利率

毛利率的计算公式为：

$$毛利率=\frac{毛利}{营业收入}\times 100\%$$

式中，毛利等于营业收入减去营业成本。这个比率用来计量管理者根据产品成本进行产品定价的能力，也就是企业的产品还有多大的降价空间。

2. 销售费用率

销售费用率的计算公式为：

$$销售费用率=\frac{销售费用}{营业收入}\times 100\%$$

这个比率用来计量企业发生的销售费用与营业收入相比的有效性。

3. 管理费用率

管理费用率的计算公式为：

$$管理费用率=\frac{管理费用}{营业收入}\times100\%$$

这个比率用来计量企业发生的管理费用与营业收入相比的有效性。

4. 研发费用率

研发费用率的计算公式为：

$$研发费用率=\frac{研发费用}{营业收入}\times100\%$$

这个比率用来计量企业发生的研发费用与营业收入相比的有效性。

5. 利息费用率

利息费用率的计算公式为：

$$利息费用率=\frac{利息费用}{营业收入}\times100\%$$

这个比率用来计量企业发生的利息费用与营业收入相比的有效性。

6. 核心利润率

核心利润率的计算公式为：

$$核心利润率=\frac{核心利润}{营业收入}\times 100\%$$

与核心利润的概念一样，核心利润率是我与钱爱民教授一起创立并提倡使用的一个指标。由于利润表中形成营业利润的其他收益、公允价值变动收益、投资收益以及资产处置收益等与营业收入无直接关系，并不是企业开展经营活动所谋求的经营成果，因此，只有将核心利润与营业收入相比较，而不是将营业利润更不是将利润总额或净利润与营业收入相比较，才能更加客观地评价管理层在经营活动中的经营绩效和管理能力。

7. 营业利润率

营业利润率的计算公式为：

$$营业利润率=\frac{营业利润}{营业收入}\times 100\%$$

在企业的其他收益、公允价值变动收益、投资收益以及资产处置收益等与营业收入关联不大的项目数额较小或者为零的条件下，这个比率基本上与核心利润率相一致；在企业的其他收益、公允价值变动收益、投资收益以及资产处置收益等与营业收入关联不大的项目数额较大的条件下，这个比率基本上会失去意义。

8. 销售净利率

销售净利率的计算公式为：

$$销售净利率=\frac{净利润}{营业收入}\times 100\%$$

这个比率用来衡量企业营业收入最终给企业带来盈利的能力。这个比率比较低，表明企业经营管理者未能创造出足够多的营业收入或者没有成功地控制成本。它可以用来衡量企业总的经营管理水平。但要注意，只有在企业的净利润中自身经营活动占比较大的条件下，此比率才有较大意义。如果在企业的净利润中，投资收益、公允价值变动收益等与企业本期营业收入无关的项目金额过大，此比率会失去意义。

我们前面介绍的财务比率是与评价企业盈利能力直接有关，且仅仅通过利润表相关项目之间的对比即可进行分析评价的比率。

读者可以思考一下，上述比率的特点是什么？

总结一下，上述比率的特点为：第一，各个比率基本上是以企业的营业收入做分母来设计的；第二，与营业收入的关联度决定了相关财务比率在分析时的有效性（在个别项目与企业的营业收入关联较小时，与这些个别项目有关的财务比率可能难以说明问题）；第三，上述财务比率仅仅考察了企业盈利状况的一个重要方面——企业的产品或者劳务在市场盈利方面的竞争力，但没有显示企业获得这种利润与所消耗的资源之间的关系，也没有显示企业利润是否产生了货币资金。

因此，对企业盈利能力更加全面的分析评价还需要借助于资产负债表和现金流量表。

二、利润表与资产负债表相联的财务比率

将利润表的项目与资产负债表的项目相联，我们可以以更大的视野对企业的盈利能力进行分析与评价。这些比率包括：

1. 总资产报酬率

总资产报酬率的计算公式为：

$$总资产报酬率=\frac{息税前利润}{平均资产总额}\times 100\%$$

式中，平均资产总额是用资产总额年初余额和年末余额之和除以 2 得到的。在不考虑利息费用和纳税因素而只考虑经营情况时，这个比率反映管理层对所有资产进行管理所产生的效益，即管理层利用企业现有资源创造价值的能力。

总资产报酬率的高低，既取决于企业的盈利规模，也取决于企业的资产规模。在企业盲目融资、资产中“淤积”了大量与盈利能力无关的资产（如过高的货币资金存量、大规模的其

他应收款、过高的存货、过大的固定资产规模等）的条件下，企业的总资产报酬率会受到影响。

2. 净资产收益率

净资产收益率也叫股东权益报酬率，其计算公式为：

$$净资产收益率=\frac{净利润}{平均股东权益}\times 100\%$$

式中，平均股东权益是用股东权益年初余额和年末余额之和除以 2 得到的。这个比率反映了企业管理层对股东投入的资产进行管理所产生的效益，反映了企业对股东的回报状况。

净资产收益率的高低，既取决于企业净利润的规模，也取决于企业股东权益的规模。在其他条件相同的情况下，将不影响企业经营活动的累积利润进行分配、进行适当的债务融资对提高净资产收益率有促进作用。

3. 存货周转率

存货周转率的计算公式为：

$$存货周转率=\frac{营业成本}{平均存货}$$

式中，平均存货可以是年平均存货、季平均存货或者月平均存货；营业成本则是对应的年营业成本、季营业成本或者月营业成本。

实践中常用的是年营业成本除以年平均存货，年平均存货由年初存货金额加上年末存货金额除以 2 得到。

存货周转速度较快的企业，其存货质量相对较高。

4. 商业债权周转率

由于企业赊销带来的营业收入或者引起应收票据增加，或者引起应收账款增加，因此，常规分析中用营业收入与平均应收账款进行对比来确定应收账款周转率在很大程度上会失去意义。在企业以预收款方式销售不多、赊销较多的情况下，可以通过计算商业债权周转率来考察企业赊销债权的回收状况：

$$\text{商业债权周转率}=\frac{\text{赊销净额}}{\text{平均应收账款}+\text{平均应收票据}}$$

式中，平均应收账款和平均应收票据可以是年平均应收账款和平均应收票据、季平均应收账款和平均应收票据或者月平均应收账款和平均应收票据；赊销净额则是对应的年赊销营业收入、季赊销营业收入或者月赊销营业收入。

实践中常用的是以年营业收入除以年平均应收账款和平均应收票据，年平均应收账款和平均应收票据由年初应收账款和应收票据金额加上年末应收账款和应收票据金额除以 2 得到。

实际上，更简单的考察企业商业债权回收状况的方法是：比较期末商业债权与期初商业债权的规模的差异，判断商业债权是增加了还是减少了。如果企业期末商业债权的规模大于期初，增加的商业债权的规模就是企业当期赊销债权少回收的部分；如果企业期末商业债权的规模小于期初，减少的商业债权的规模就是企业当期赊销债权全部回收以后，多回收的相当于期初债权的部分；如果企业期末商业债权的规模与期初相当，则表明企业当期赊销款全部回收。

5. 流动资产周转率

流动资产周转率的计算公式为：

$$流动资产周转率=\frac{营业收入}{平均流动资产}$$

式中，平均流动资产是由企业流动资产期初余额和期末余额之和除以 2 得到的。通过对流动资产周转率的计算，我们可以考察企业流动资产的周转效率。如果企业的流动资产周转率不高，要么是企业的市场出了问题，要么是企业的流动资产结构出了问题：当企业的存货、货币资金增加过快时，这些存货和货币资金不可能带来增量的营业收入。此时流动资产的增加往往会降低企业流动资产整体的周转速度。

通过对流动资产周转率的考察，企业可以最大限度降低与营业活动无关的流动资产，优化流动资产的结构。

6. 固定资产周转率

固定资产周转率的计算公式为：

$$固定资产周转率=\frac{营业收入}{平均固定资产原值}$$

式中，平均固定资产原值是由期初固定资产原值和期末固定资产原值的和除以 2 得到的。

通过对固定资产周转率的计算，我们可以考察企业固定资产的周转效率。如果企业的固定资产周转率不高，要么是企业的市场出了问题，要么是企业固定资产的规模和结构出了问题：当企业的固定资产的规模增加、结构变化与企业的市场经营活动没有关系时，企业增加的固定资产不可能带来增量的营业收入。此时固定资产的增加往往会降低企业固定资产整体的周转速度。这种情况的出现可能意味着企业固定资产决策的失误。

7. 总资产周转率

总资产周转率的计算公式为：

$$总资产周转率=\frac{营业收入}{平均资产总额}$$

式中，平均资产总额是由企业资产总额期初余额和期末余额之和除以 2 得到的。通过对总资产周转率的计算，我们可以考察企业资产总额的周转效率。如果企业的总资产周转率不高，要么是企业的市场出了问题，要么是企业的资产结构出了问题：当企业的资产结构变化与企业的市场经营活动没有关系时，企业增加的资产不可能带来增量的营业收入。此时资产的增加往往会降低企业资产整体的周转速度。

通过对企业总资产周转率的考察，企业可以最大限度降低与营业活动无关的资产，优化整体资产的结构。

三、利润表与现金流量表相联的财务比率

利润表与现金流量表相联的财务比率是我和钱爱民教授一起创造的核心利润获现率，计算公式为：

$$核心利润获现率=\frac{经营活动产生的现金流量净额}{核心利润}$$

核心利润获现率反映了企业一定时期内核心利润带来现金流量的能力。根据我的观察，对于一般性的传统制造企业而言，这个比率居于 1.2～1.5 之间是比较恰当的。

核心利润获现率不高的企业，其利润的质量往往不高。

四、比率分析的应用

对于比率分析的应用，较为有效的是在同一时期与特定对象或者与特定企业的控制目标相比较，也可以与企业上期进行比较。

下面以泛华体育 2018 年度利润表的数据（见表 9－1）为基

础，用上面介绍的财务比率进行分析（为便于分析，我对有些数据进行了计算。本案例中我只计算了利润表里的相关指标。利润表与资产负债表、利润表与现金流量表有关的比率的计算与分析，请读者自己练习一下）。

表 9-1 泛华体育利润表 单位：元

	2018 年度	2017 年度
报告期	年报	年报
报表类型	母公司报表	母公司报表
营业总收入	101 615 460.54	89 728 479.63
营业收入	101 615 460.54	89 728 479.63
营业总成本	113 252 492.87	86 546 796.83
营业成本	90 502 718.43	69 295 132.06
毛利	11 112 742.11	20 433 347.57
毛利率	10.94%	22.77%
税金及附加	319 127.38	486 510.15
销售费用		
管理费用	13 835 374.89	15 335 781.21
管理费用率	13.62%	17.09%
研发费用	7 109 487.80	
研发费用率	7.00%	
财务费用	50 550.37	35 176.91
其中：利息费用	12 135.62	
利息费用率（2017 年用财务费用率代替）	0.01%	0.04%

续表

	2018 年度	2017 年度
报告期	年报	年报
报表类型	母公司报表	母公司报表
核心利润（核心利润＝毛利－税金及附加－销售费用－管理费用－研发费用－利息费用），2017 年用财务费用代替利息费用	－10 163 383.58	4 575 879.30
核心利润率	－10%	5.10%
利息收入	308 238.30	
资产减值损失	1 435 234.00	1 394 196.50
加：其他收益		
投资收益	－7 692 486.50	13 960 109.48
公允价值变动收益	－1 563 897.83	－3 279 507.17
资产处置收益		17 377.89
汇兑收益	20 374.64	
营业利润	－20 873 042.02	13 879 663.00
加：营业外收入	17 300.00	1 167 850.00
减：营业外支出		
利润总额	－20 855 742.02	15 047 513.00
减：所得税费用	98 776.63	－246 607.81
净利润	－20 954 518.65	15 294 120.81

对于上表的计算，有几点需要说明：

第一，年度间的变化所导致的口径差异。2018 年与 2017 年利润表的变化对本案例的分析计算有影响，主要表现为：（1）2018年的管理费用加上研发费用与2017年的管理费用口径一致。（2）2018年的利息费用从财务费用中分化出来，单独列示。由于2017年没有利息费用的数据，2017年核心利润计算中的利息费用用财务费用来代替，2017年的利息费用率用财务费用率来代替。

第二，比率计算仅仅集中在核心利润以上的各个项目上。这样做是要向读者展示一下，具有重要意义的与利润表自身有关的比率分析不应掺杂与营业收入无关的干扰因素或者干扰项目。

依据上述计算，我们可以对企业的盈利状况做出如下分析：

首先，企业核心利润由2017年的正数转变为2018年的负数，核心利润率也由正变负。需要注意的是，这种业绩是在2018年度企业的营业收入比上年有显著增长的情况下取得的。出现这种情况的可能原因，要么是企业的毛利率出现大幅下降，要么是企业某些费用项目的费用率出现大幅上升。下面用数据来说明这种变化的原因。

其次，企业的毛利绝对额出现显著下降，毛利率出现大幅下降。在营业收入显著增长的情况下，企业的毛利与毛利率均出现大幅下降，说明企业的产品或者劳务的市场竞争力出现显著下降，或者企业所在的市场出现竞争方面的重大结构性变化：

原有的市场结构和业务竞争格局被打破，市场的新进入者有更大的竞争力，从而削弱了该企业年度内的市场竞争力。

对于企业毛利率下降要予以高度关注。第一，毛利率下降可能意味着企业整体的竞争力在下降——企业整体经营活动的竞争力在下降；第二，毛利率下降可能意味着这个特定企业的竞争力在下降、市场地位在下降，也可能意味着企业面临的市场竞争更加激烈。但不管是什么原因，企业经营活动的未来、经营活动的盈利前景堪忧。

当然，如果企业毛利率持续改善、越来越高，就可能是企业竞争力持续改善的表现。

再次，影响企业核心利润从正变负的主要费用项目是管理费用和研发费用。由于没有 2017 年度企业管理费用和研发费用的结构性数据，如果将 2018 年度的管理费用和研发费用合在一起进行比较分析，我们就会发现，企业与 2017 年同口径的管理费用的绝对额在增加，同口径的管理费用率也在上升。这种上升或者意味着企业对管理活动和研发活动的重视，或者意味着企业对管理费用的控制失灵。

最后，企业的销售费用连续两年为零。这一般意味着企业的销售活动主要集中在关联方而不是市场拓展上；或者意味着企业的销售费用规模不大，企业的销售费用计入管理费用。

五、关于利润表比率分析的其他讨论

1. 毛利率的战略和竞争力含义

企业毛利率的变化可能蕴涵着丰富的战略和竞争力信息。

下面讲一个真实发生的事情。

有一天一个学生给我打电话说，张老师我是您 EMBA 的学生。我的公司现在已经上市了，想请您方便的时候过来指导指导。

我在电话里就问这个学生：你的公司是做什么的？他说，我们是一家高科技公司，我们的产品在市场上卖得还不错，现在各方面的状况都很好。

我说，你告诉我你的股票代码，我看看你的报表。我一边打电话，一边打开电脑，很快找到了这家公司的年报。

我看了年报里的利润表以后对他说，你说的不对。

他很吃惊地问，张老师，我讲得怎么不对了？

我说，你说你的公司是一家高科技企业，产品有不错的市场表现，可是你的利润表展示出来的并不是这么回事儿。简单地说，你的财务报表不支持你所说的企业状况。

他问，张老师，您是怎么看到的呢？

我跟他讲，如果你说的是对的，那你的企业的毛利率就会比较高。作为一家高科技企业，毛利率 30％～50％都不算高。你公司的毛利率才 15％左右，比一般的贸易公司稍高一点，这哪里像高科技企业？

这个学生说，张老师您看得确实太准了，我的企业确实有这样的问题。虽然我们有高科技产品，产品在市场上也有一定竞争力，但是我们企业的产品数量比较少，市场规模根本达不到我们的预期。

因此，我想进行新的一轮融资，扩大生产能力。在融资前，我必须把利润做出来，所以我做了一些贸易业务，但这些业务确实是真的。把贸易业务和高科技产品业务加在一起，我的毛利率就下来了。

我对他说，你一定要注意，企业战略与财务报表之间有内在的联系。你现在的毛利率与你自己宣称的企业高科技形象是不符的，你必须在贸易业务与高科技业务之间找到令人信服的战略联系。

因此，毛利率可能意味着企业战略的调整，可能意味着企业业务结构的变化，也可能意味着企业竞争力的变化，还有可能意味着企业营销策略的调整。

2. 毛利和毛利率的另一种表达——成本加成和成本加成率

有一次，我在与朋友聚会的时候碰到一个有会计背景的人，他说了这样一句话，让在场的人都惊呆了：我们看投资项目主要看它的毛利率。如果一个项目的毛利率达不到百分之百，我们是不会考虑投资的。

大家为什么惊呆了呢？因为一起聚会的都是有会计基础的人，都知道一个企业的毛利率不可能达到百分之百。

那么，这个朋友关于毛利率达到百分之百的说法又是怎么一回事呢？

原来，对于毛利与毛利率，除了用营业收入减去营业成本、用毛利除以营业收入的计算方法以外，在实践中还有成本加成和成本加成率的计算方法。这个朋友所说的毛利率实际上指的是成本加成率。

以产品的生产成本为基础，按照生产成本的一定百分比加成，就可以得到产品的价格：

产品价格＝产品生产成本＋产品生产成本加成

产品生产成本加成＝产品生产成本×成本加成率

例如，一个企业产品的生产成本是100元，价格按照生产成本的50%加成，则价格为150元。按照销售价格减去销售成本的关系计算毛利和毛利率，毛利是50元，毛利率是33.33%。如果从成本加成的角度看，毛利是不变的，成本加成率就是50%。

这就是说，产品生产成本加成就是毛利。换一个写法是：

毛利＝产品生产成本×成本加成率

可见，这个朋友实际上把成本加成率当成了毛利率。

需要注意的是：将毛利与营业收入相比所计算的毛利率不会超过 100％；按照成本加成率计算价格，成本加成率可以超过 100％。

3. 关于营业收入的专业判断

中国资本市场上的一些上市公司在财务报表方面显示出极大的勇气和创造力。一家上市公司居然某年利润表里的营业收入为负数，而毛利率为非常高的正数。这是怎么一回事呢?

企业是这样解释的（数据为本人虚构，但逻辑关系如此）：本公司的营业收入是通过专业判断来确认的。上一年度的营业收入经专业判断确认为 10 亿元。截止到本年度结束，经过专业判断，本公司过去两年的营业收入确认为累计 8 亿元。由于上一年度已经确认了 10 亿元的营业收入，本年度的营业收入只能确认为－2 亿元。至于毛利率的数据，是根据公式计算的。毛利等于营业收入减去营业成本，毛利率等于毛利除以营业收入。虽然本公司营业收入是负数，但企业确实为实现收入付出了代价——营业成本为 6 亿元。这样，毛利为－8 亿元（－2－6＝－8），而两个负数相除就是正数：

$$毛利率=\frac{毛利}{营业收入}\times100\%=\frac{-8}{-2}\times100\%=400\%$$

这是一个发生在中国资本市场上的真实事件。

这个荒唐事件引出了一个重要的话题：企业营业收入的确认有玄机吗？

我的回答是：玄机倒是没有，但确实有专业判断的问题。

确认企业营业收入的重要会计基础是权责发生制。

4. 关于权责发生制

（1）权责发生制与企业利润表的营业收入。企业利润表上营业收入的确认涉及企业会计的一个重要确认基础——权责发生制（也叫应计制）。

在权责发生制下，企业以业务的实际发生时间作为入账的标准来确定特定时期的营业收入。业务的实际发生，是指企业收入的实现过程已经完成，相关产品的所有权已经转移或者企业劳务提供过程已经完成等。

这就是说，企业营业收入的确认并不与是否收到货币资金相连。以产品的销售为例，在企业销售过程完成、买方提走货物、卖方收到货款的情况下，在利润表上营业收入增加的同时，企业资产负债表上的货币资金会相应增加；在企业销售过程完成、买方提走货物、卖方虽没有收到货款但买方承诺在一定时期内付款（企业赊销）的情况下，在利润表上营业收入增加的同时，企业资产负债表上的应收账款或者应收票据会相应增加；当企业以预收款的方式销售时，在销售过程完成、买方提走货物的情况下，在利润表上营业收入增加的同时，企业资产负债表上的相应负债——预收款项会相应减少。

概括地说，企业利润表上营业收入增加，或者引起货币资金的增加，或者引起有关债权（应收票据或者应收账款）的增加，或者引起相应负债（预收款项）的减少。

(2) 权责发生制与企业利润表的各项费用。权责发生制既与企业利润表中的收入相关，也与利润表中的各项费用相关。

我倾向于把利润表中的各项使得企业利润增加的因素或者项目称为收入或者收益，包括主营业务收入、其他业务收入、其他收益、投资收益、资产处置收益等；同样，我也倾向于把利润表中的各项使得企业利润减少的因素或者项目称为费用，包括营业成本、税金及附加、销售费用、管理费用、研发费用、利息费用等。

在权责发生制下，企业各项费用以为实现特定时期的收入做出贡献为基础来确认。

为实现特定时期的收入做出贡献，是指企业与获得收入相关的资源消耗已经发生。这就是说，企业利润表中各项费用的确认并不与是否支付货币资金相连。以产品的销售为例，在企业销售过程完成、买方提走货物、卖方收到货款的情况下，企业与发生营业收入有关的存货成本就随着货物离开企业，成为实现营业收入的资源消耗，此时企业资产负债表上的存货资产会相应减少，利润表上的营业成本会相应增加；企业在某会计期间支付当期的广告费用，此时企业资产负债表上的货币资金会相应减少，利润表上的销售费用会相应增加；在某特定会计期间结束时，企业确认当期由于使用银行借款而发生利息费用，但根据协议将在以后支付，此时企业资产负债表上某项与此未付利息有关的负债（通常计入其他应付款）会相应增加，利润表上的利息费用会相应增加；等等。

概括地说，企业利润表上各项费用增加，或者引起货币资金的减少，或者引起非货币资产的减少，或者引起相应负债的增加。

如果我们对利润表的基本关系进一步概括，可以将净利润表达为：

净利润＝收入－费用

这样，我们就可以把利润表中的收入、费用、净利润等项目与资产负债表的关系概括如下：收入不等于企业货币资金的等额增加；费用不等于企业货币资金的等额减少；净利润不等于企业资产负债表上货币资金的净增加。

因此，企业利润的增加，既可以引起货币资金的增加，也可以引起其他资产项目的增加，还可以引起企业相应负债的减少。

权责发生制解释了企业为什么有利润而没有钱的问题。

良性发展的企业既要追求利润的增长，更要关注利润是否为企业带来真金白银。

第 10 讲 / *Chapter Ten*

与利润表有关的比率分析的进一步讨论

在上一讲，我们讨论了很多关于毛利、毛利率、核心利润与核心利润率等的比率分析的问题。本节再深化一下其他项目和相关方面的分析。

在展开讨论之前，我先讲一件自己经历的事情。

一次，一家企业请我去给公司董事会的全体成员讲授怎样看企业的利润表。公司的财务部门负责人现场拿了一个据说是该企业集团下属子公司的资产负债表、利润表和现金流量表。

我拿到手一看，发现是一家小企业的财务报表。

我的分析习惯是：对于小企业，先从利润表看起，因为企业管理层对企业盈利能力比较重视。从利润表的项目和结构的年度间变化中也可以发现企业存在的问题和经营环境方面的线索。

该企业的利润表显示：企业的营业收入本年与上年相比有较大幅提高；企业的营业利润（由于是小企业，没有投资资产，所以没有投资收益、公允价值变动收益等。企业的营业利润就是核心利润）较上年大幅提高；销售费用上年有一个数字，本年为零；财务费用有一个不低的数字。

现金流量表显示：筹资活动现金流量中的借款和还款活跃，支付利息付出的现金与企业利润表的财务费用大体相当；企业核心利润获现率约为1.8。

资产负债表显示：企业年初和年末的短期借款均有一定规模，按照一定的利率计算，与财务费用的规模较为吻合，表明企业年度内一直有一定规模的贷款；企业应收账款年末与年初规模相当且不大，表明企业年度内的赊销债权均已经回收；企业年初和年末均没有预收款，说明企业没有预收款销售；企业年初和年末的货币资金均较高，远高于年初和年末的短期借款规模；企业固定资产净值规模有所降低，表明企业的固定资产原值在年度内没有显著增加；企业存货规模较低。

以这些数据为基础，我对董事会成员讲，企业的营业收入、营业利润、经营活动现金流量能力均较强，本年与上年相比，企业的业务规模和盈利能力及其质量均有较大幅提高；这是在企业固定资产原值保持基本稳定的条件下取得的，企业资源利用率显著提高；企业利润增加、资产增长、净资产（股东权益）增加。企业发展态势良好。

需要说明的是，企业的销售费用本年为零，但上年有一个数字。销售费用本年为零，但营业收入大幅增长，这意味着企业原来的业务可能主要面向市场，而现在则是面向关联方，即集团内部的成员单位。能够为集团内部的成员单位广泛提供服务且存货规模较低，我判断这是一个会议中心或者培训中心。

我不理解且需要企业的财务部门负责人解答的是，既然企业的业务主要面向关联方，且企业的应收账款（没有应收票据）规模变化表明企业的赊销债权基本回收，现金流量表和资产负债表的货币资金规模均显示企业经营活动的现金获取能力强、现金充足，为什么企业还常年贷款？

董事长听完上述讲解以后对我说，看来通过财务报表确实能够看出企业管理和经营的方方面面！您从来没有到过我们公司，也不可能了解这个企业的情况，但您讲的就是我们这个二级单位的实际情况。这个公司正是一个培训中心，现在常年承担本集团的培训和会议。这是一个成建制并进来的企业，以前确实面向市场，现在集团内部的培训和会议就让它们的业务很饱满了，以后还要扩建一下。

然后，董事长对财务部门负责人说，一个这么好、不缺钱的企业为什么还要贷款呢？到底是怎么一回事儿？

企业财务部门的负责人说，既然领导们都在，我就实话实说。

这个培训中心并入本集团以后，集团给各个成员单位发了一个文件，在培训中心能够提供服务的情况下，今后的会议和培训活动不能拿到外面去办。

这个文件改变了集团内各个成员单位原有培训和会议的工作安排——由寻找外部机构购买服务变为向内部一个新的成员单位购买服务。一些成员单位在心理上有抵触，担心这个培训机构满足不了要求，但又不能违反集团文件的精神。因此，多数成员单位就像商量好了一样，只对这个培训中心提出工作和服务要求，有关的会议或者培训费用在年内一直没有支付。

这就造成了培训中心经营上的困难：一方面，集团内的成员单位确实有不少培训和会议方面的需要；另一方面，集团内的成员单位在接受服务以后并不支付费用。无奈之下，这个培训中心就向银行借款，以解决经营活动之需。实际上，如果集团内的成员单位按时支付服务费用，这个培训中心根本就不需要向银行借款。

至于报表中显示企业的应收账款年末与年初大体相当，企业在报表上并没有显示出收款不畅的问题，那是我们的功劳。我们在年末认为成员单位不能再继续拖欠下去了，就与各个成员单位联系，要它们尽快结清拖欠的服务费。这些成员单位还不错，看在我的面子上把费用付清了。

也就是说，这个企业平时是没有钱的，只是在年末才把业务形成的服务款项收回。

董事长听完以后非常气愤，立即下令财务部门发通知，要求成员单位的一把手来开会，进行整顿。

这个培训中心发生的事说明了企业财务报表背后隐藏的是大量管理问题，下面就讨论相关项目背后的管理问题。

一、销售费用和销售费用率

1. 销售费用及其变化内涵

我们在前面介绍过，销售费用是指与企业销售商品或者提供劳务有关的在销售环节发生的各种费用。最典型的销售费用是广告费、销售部门的员工薪酬、差旅费、销售机构的固定资产和无形资产摊销费等。

需要注意的是，在信息化、自媒体时代，企业的营销渠道很多，不同的营销渠道会产生不同的营销效应。

在销售渠道、组织结构、业务结构和经营方式没有什么变化的情况下，企业年度间销售费用的结构会比较稳定，企业销售费用在年度间的变化可能呈现出这样的态势：一部分与销售活动有关的折旧费、租赁费、无形资产摊销费、营销人员的固定薪酬等销售费用的规模在年度间保持稳定；一部分随销售业绩变化的销售费用（如销售人员和销售机构按照销售业绩提取的奖励等）则随着企业营业收入的变化而变化；一部分销售费用（如广告费等）可能依据市场竞争环境和营销策略的调整而出现或多或少的变化。

在销售渠道、组织结构、业务结构和经营方式出现变化甚至是显著变化的情况下，企业年度间销售费用的结构和规模可能出现重大变化：如果企业的“壳”被借用，通过并购或者资产置换对企业的业务进行重大调整或根本性调整，企业在年度间的业务就是不可比的或者在相当大程度上不可比，而销售费用的规模和结构会出现年度间的不可比；如果企业在年度内出现重大业务整合，使得企业的业务结构出现重大变化，则销售费用的规模和结构也会出现年度间的不可比；如果企业的经营方式出现重大变化，销售费用的规模和结构也会出现年度间的不可比。

在泛华体育的案例中，企业 2017—2018 年的销售费用为零。一般认为企业年度间的经营方式没有发生重大变化，且企业的业务均是与关联方发生的业务。

但是，也可能有另外的情况：由于企业的销售费用规模较低，出于重大性的考虑，企业没有单独展示销售费用，而是将其并入营业成本或者管理费用。

因此，销售费用为零的企业，其工作的关注点应该是企业内部的各项管理。

2. 销售费用率及其变化内涵

销售费用率反映了企业在年度间、企业之间销售费用的有效性。销售费用率较低的企业，一般意味着企业的营销活动较为有效。

当然，销售费用率的高低，既与企业的定价策略有关，也与企业对营销活动的管理有关，更与企业的产品或者劳务在市场上的竞争力有关，还与企业的市场结构有关。

对企业年度间的销售费用规模、结构和销售费用率进行比较，就可以发现企业营销管理、市场竞争地位、竞争环境方面的问题；对企业间的销售费用额和销售费用率进行同时期的比较，就可以对企业间营销活动的管理特征和有效性、企业间竞争地位的差异进行分析。

二、管理费用和管理费用率

1. 管理费用及其变化内涵

管理费用是指管理机构管理企业而发生的各种费用。在2018年以前，管理费用主要由三大部分组成：高管薪酬，研发费用，以及与管理机构有关的固定资产折旧费、无形资产摊销费、差旅费和办公费等。

在上市公司2018年年报中，管理费用被拆分为管理费用和研发费用。

因此，2018年年报以后管理费用与研发费用合在一起与2017年年报以前管理费用的口径是一致的。

下面讨论在不包括研发费用的条件下，管理费用的变化所揭示的信息。

在企业组织架构没有什么变化的情况下，企业年度间管理费用的结构就会比较稳定，企业管理费用在年度间的变化可能会呈现出这样的态势：一部分与管理机构技术装备水平有关的折旧费、租赁费、无形资产摊销费等的规模在年度间保持稳定，或随着管理机构技术装备水平的结构性调整而出现相应变化；一部分与企业人力资源政策尤其是高级管理人员人力资源政策有关的费用的规模随着企业人力资源政策的变化而变化。

因此，企业组织架构没有什么变化、企业年度间管理费用的规模出现重大变化，可能意味着企业在管理方面的技术装备水平出现重大变化，或者企业的人力资源政策出现重大变化。

在企业组织架构出现重大变化（如分拆、并购等）的情况下，企业年度间管理费用的结构和规模均可能出现重大变化。在企业将其他企业并入的情况下，被并购企业的管理费用的结构和规模会对并购后合并报表的管理费用产生较大影响。

因此，在企业组织架构出现重大变化的情况下，管理费用的规模变化是正常的。

2. 管理费用率及其变化内涵

管理费用率反映了企业在年度间、企业之间管理费用的有效性。管理费用率较低的企业，一般意味着企业的管理活动较为有效。

当然，在特定企业进行不同年度间管理费用率的比较时，管理费用率可能受到营业收入的规模、企业组织架构的变化、企业人力资源政策的调整以及技术装备水平的变化等因素的影响；在不同企业之间进行比较时，管理费用率可能受到企业的行业特征、不同企业对固定资产折旧以及无形资产摊销等会计政策的选择、不同企业对管理费用的控制能力以及不同企业的管理风格差异等因素的影响。

三、研发费用和研发费用率

1. 研发费用及其变化内涵

研发费用是指企业研究和开发活动所发生的费用。

对于那些依靠研发来持续保持竞争力的企业而言，研发方面的投入实际上是企业发展战略的重要内容。著名企业华为就是因为长期坚持在研发上的高投入才保持了竞争地位。

因此，研发费用的年度间变化可能意味着企业在研发方面的战略调整。

我国上市公司在 2018 年年报里，首次将研发费用从管理费用中分离出来，作为单独项目列示，显示出企业重视研发、重视竞争力的保持。

2. 研发费用率及其变化内涵

由于 2018 年是第一年将研发费用单独列示，因此，现在还难以直接对企业的研发费用率进行年度间比较。

在未来分析研发费用率时，可以聚焦两个方面：一是通过特定企业年度间研发费用率的比较，考察企业在研发方面的战略调整；二是通过企业间的比较，考察不同企业在研发方面的战略差异。

在泛华体育的案例中，2017—2018 年间出现了管理费用的口径与披露的变化，因此，只能将 2018 年的管理费用与研发费用加在一起与上年的管理费用相比较。

数据显示，2018 年的管理费用和研发费用之和远大于上年的管理费用，2018 年的管理费用率和研发费用率之和远大于上年的管理费用率。这一方面可以解释为企业更加重视在管理和研发上的资源投入，另一方面可能意味着与上年相比，企业 2018 年管理费用的有效性在下降。

四、利息费用和利息费用率

1. 利息费用

在 2018 年以前，企业的利润表里与企业融资有关的费用项目叫财务费用。财务费用是指企业为筹集生产经营所需资金等而发生的费用，主要包括：利息费用减利息收入的差额、汇兑净损失（汇兑损失减汇兑收益的差额）、金融机构手续费以及筹集生产经营资金发生的其他费用等。

实际上，大多数企业的财务费用主要由两大部分组成：利息费用与利息收入。因此，对一些不融资或者融资规模很小的企业而言，当其利息收入超过利息费用时，财务费用就是一个负数。

在上市公司 2018 年年报中，财务费用除了要列示金额，还要分别列示利息费用和利息收入。

下面讨论利息费用变化所揭示的信息。

在这里需要注意的是，并不是企业所有的利息支出都计入利润表。比如，与购建固定资产或者无形资产有关的，资产尚未交付使用或者虽已交付使用但尚未办理竣工决算的利息支出，计入购建资产的价值；房地产开发企业为开发房地产而借入的资金所发生的利息等借款费用，在开发产品完工之前计入开发成本（房地产开发企业的开发成本在资产负债表上为存货）；等等。

实际上，企业进行贷款性质的融资可能是出于多种原因或者目的，不同的原因或者目的对企业财务状况的影响是不同的：当企业融资是为了补充流动资金、弥补生产经营的资金不足、完成生产经营资金周转的时候，企业的相关贷款直接支持了企业的市场经营活动、为营业收入的增加直接做出了贡献，其利息费用的发生就是获得营业收入的必要代价；当企业融资是为了购建固定资产和无形资产、提高生产经营的技术装备水平的时候，企业的相关贷款直接支持了相关资产的购建、相关资产账面价值的增加，即使是在资产交付使用或者办理竣工决算之后的利息支出，虽然将相关的利息计入利润表的利息费用，但这些利息费用并没有直接为企业营业收入的增加做出贡献，因而其发生实际上与企业的营业收入没有关系。

企业往往有这样的情况发生：企业贷款融资既不是为了补充流动资金、弥补生产经营的资金不足，也不是为了购建固定资产和无形资产，而是按照银行的要求进行的非需求性贷款，此时企业贷款的获得对资产的影响就是直接增加企业的货币资金规模，对利润表的影响就是增加企业的利息费用。显然，这种融资对企业的营业收入不会有任何贡献，利息费用的发生更是会降低企业的核心利润。

怎么会有这种情况发生？企业明明不缺钱，却要按照银行的要求去借款吗？

你千万不要以为贷款都是企业主动去找银行按照企业发展的实际需求获得的，还有可能是银行找上门来恳求企业借款而产生的。

在实践中，一些银行在年末专门寻找一些业绩好、不缺钱的企业，要求人家贷款，以扩大银行的优质贷款规模，完成上级的考核指标。在一些效益好的上市公司的资产负债表和利润表上，经常会出现“三高”的情况——货币资金高、短期借款高和利息费用高。这种情况的出现就有可能是企业无奈之下按照银行的要求进行了非需求性融资。

可见，尽管利息费用构成当前核心利润的减项，但利息费用并不总与营业收入的产生相关。

因此，企业利息费用的发生是由多种因素决定的。但不论是什么原因引起的贷款融资，利息费用都反映了企业在借入资金上的融资成本。

2. 利息费用率

尽管利息费用可能没有支持企业营业收入的增加，但将利息费用与营业收入相比所得出的利息费用率仍然有意义：如果企业的利息费用率过高，可能意味着企业的财务风险——偿还债务利息和本金的风险是比较大的。当企业的财务风险比较大时，其经营活动一般很难保持较为理想的、持续的盈利能力。

在泛华体育的案例中，2017—2018 年间出现了财务费用的披露的变化，因此，在计算时，2018 年度是用利息费用与营业收入相比，2017 年度是用财务费用与营业收入相比。

数据显示，企业 2018 年财务费用的规模远大于 2017 年，而 2018 年的利息收入与利息费用相比规模也较大，这意味着企业 2018 年财务费用中的非利息支出的规模远大于利息支出的规模。

至于财务费用率或利息费用率，由于其规模较低，对核心利润的影响微乎其微，可以不予关注。这从一个侧面说明，企业基本上可以在不融资的情况下实现经营活动的正常运转。

考察一下泛华体育的现金流量表（见表 2 - 3），我们就会发现，企业的经营活动产生的现金流量净额连续两年均为负数，但规模并不大。年度内有少量的贷款，但迅速偿还了。投资活动贡献了规模较大的现金净流入量。这一方面说明企业的经营活动现金管理需要强化，另一方面说明企业能够在基本上不进行债务融资的情况下实现经营活动的顺畅周转，也说明现有的货币资金存量和投资活动对企业现金流量的贡献完全能够支持企业的经营活动。

五、对其他几个财务比率的讨论

1. 总资产报酬率

从前面展示的泛华体育的资产负债表（见表 7－1）来看，企业年末的资产总额比年初有所增加，因此企业年度平均资产总额略有增加；企业的利润总额已经是负数，即使加上财务费用或者利息费用，企业的息税前利润也是负数。这就是说，企业的总资产报酬率由上一年的正数变成了负数。

有资产没有盈利能力，这一方面意味着企业的产品在市场上的竞争力可能在下降，或者企业的销售结构需要调整，企业的毛利率大幅下降说明了这一点；另一方面意味着企业的资产结构可能出现了问题，但通过对企业经营资产结构的考察，我们发现企业年度间的变化并没有显示出资产质量或者结构的显著恶化。因此，导致企业核心利润及利润总额最终亏损的主要因素是毛利率的大幅下降。

2. 净资产收益率

泛华体育的净资产即所有者权益由于2018 年度亏损而下降。这样，企业年度平均净资产有所下降。考虑到企业的净利润为负数，2018 年度的净资产收益率也由上一年的正数变成了负数。

这意味着，站在企业所有者即股东的立场来看，企业在年度内并没有使净资产在账面上实现保值增值。

3. 存货周转率

从泛华体育资产负债表的数据来看，企业年末的存货比年初有所降低，因此企业的平均存货规模年度内有所下降。而利润表上 2018 年营业成本比上年大幅提高。一方面平均存货在下降，另一方面企业的营业成本在大幅提高，这意味着企业的存货周转速度大幅加快了。

4. 固定资产周转率

以现有的数据为基础，我们没法得到泛华体育固定资产原值的信息。但是，从年末与年初固定资产数据的变化可以看出，企业固定资产净值年末比年初有所下降。这意味着企业的固定资产原值年度内没有显著变化，年末净值下降主要是计提固定资产折旧所致。这就是说，我们可以估计企业的固定资产原值年度内基本保持不变。

利润表的数据显示，企业 2018 年营业收入较上年有大幅提高。据此，我们可以推断：企业的固定资产周转率在提高。

固定资产周转率的提高，一般意味着企业的固定资产能够在面对市场的过程中发挥出预期的作用。

5. 总资产周转率

从泛华体育资产负债表的数据来看，企业年末的资产总额比年初有所提高，因此企业的平均资产总额规模年度内略有上升。而利润表上 2018 年营业收入比上年大幅提高。一方面平均资产总额略有上升，另一方面企业的营业收入在大幅提高，这意味着企业的总资产周转速度大幅加快了。

6. 核心利润获现率

上一讲对泛华体育核心利润的计算显示，企业 2018 年度核心利润为亏损 1 000 余万元。第 2 讲展示的泛华体育的现金流量表（见表 2-3）显示，企业年度内经营活动产生的现金流量净额为－177 万元。

这说明，虽然都是负数，但现金流量的亏空与企业的核心利润相比还是小的。

这意味着企业未来既要提高盈利能力，也要强化对货币资金收付的管理。

怎么看待企业核心利润与经营活动产生的现金流量净额走势不一样的问题呢?

企业的核心利润是企业销售活动所带来的资源（营业收入增加导致货币资金或应收票据、应收账款等资产增加）与相关的资源消耗（如营业成本、销售费用、管理费用、研发费用和财务费用等资源消耗。企业的资源消耗不一定减少货币资金，如企业计提固定资产折旧就不引起货币资金的减少）相比较的结果。亏损就意味着企业的资源获得小于资源消耗。

而经营活动产生的现金流量净额则是由企业与经营活动有

关的收款减去与经营活动有关的付款得到的，与盈利或亏损无关。

简单地说：企业没有利润，就是对企业现有资源的净消耗——将直接导致企业所有者权益的下降（所有者权益中的未分配利润一定会因亏损而下降）；企业没有经营活动产生的现金净流入量甚至经营活动产生的现金净流入量是负数，就是对企业货币资金的净消耗——将直接导致企业资产负债表中货币资金的下降。

在实践中，经常会看到这样的企业：为了追求一段时期的利润表业绩，企业的营业收入增加、应收账款增加，从而使当期利润得到改善。但由于在选择销售对象时“饥不择食”或者销售活动本身就是虚假的，在未来某个时间会集中爆发企业的资产减值。有兴趣的读者可以去看一下上市公司乐视网 2015—2018 年度的财务报表的表现。

最后，评价一下企业的整体表现：第一，从资产管理方面来说，企业的固定资产、存货、资产总额等周转速度明显加快，在企业营业收入有较大增长的情况下，应收账款规模下降说明企业对销售回款的管理较好；第二，从盈利能力方面来说，企业的核心利润由盈利转为亏损，主要是企业毛利率大幅下降造成的；第三，在经营活动的现金流量管理方面，企业在销售回款做得较好的情况下居然经营活动现金流量净额为负数，应该是付款方面或者其他支付方面出了问题。

现金流量表显示：企业 2018 年支付给职工以及为职工支付的现金和支付其他与经营活动有关的现金比上年大幅增加，直接导致了经营活动现金流量净额为负数。

这一讲对比率分析的全景式运用做了进一步的讨论。到现在为止，读者对比率分析应该有一个比较好的把握了。下一讲将进行进一步的分析。

第 11 讲 / *Chapter Eleven*

利润表的结构与战略信息

这一讲我们继续讨论企业利润表的结构所展示出来的战略信息。

一、企业业务结构中的战略信息：格力电器与美的集团

一家从事经营活动的企业往往聚焦一个或多个系列产品或劳务或者跨度较大的产品或劳务系列。既然是聚焦，产品或者劳务就应该与企业的战略要求相吻合。

为说明问题，我们利用两家大公司的数据来讨论。

先看一下珠海格力电器股份有限公司的广告语：格力掌握

核心科技!

这句广告语告诉人们：格力电器凭借科技领先参与市场竞争。但这句广告语并没有告诉我们企业的具体产品。常识告诉我们：掌握领先科技的企业不管从事什么产品经营，其毛利率一定是高的。

关于企业毛利率的信息，看一下利润表的附注就清楚了(见表 11 - 1)。

从表 11 - 1 中可以看出，无论是产品的营业收入规模还是毛利率，格力电器的产品都聚焦在空调上，且其毛利率达到 1/3 以上（毛利率的具体计算请读者自行完成）。至于其他的产品，不管是生活电器（实际上是以小家电为主的产品）还是智能装备，其营业收入规模和毛利率都没有展示出企业掌握核心科技的形象。

与格力电器不同，总部也在广东的另一家企业——美的集团股份有限公司一直在走多元化的发展之路。该集团早期一直进行家用电器的生产和销售活动。近年来，该集团寻求更大跨度的多元化发展。

2017 年，美的集团花巨资收购了一家外国企业，试图在走向世界和多元化战略上有新的发展。

下面我们看一下该集团 2018 年年报中的相关数据（见表 11 - 2)。

表 11 - 1 格力电器 2018 年度利润表附注

单位：元

产品名称	本期发生额		上期发生额	
	营业收入	营业成本	营业收入	营业成本
空调	155 682 359 475. 59	98 890 052 827. 63	123 409 767 128. 48	77 666 767 648. 41
生活电器	3 794 087 435. 54	3 102 311 255. 00	2 300 898 577. 78	1 825 676 348. 77
智能装备	3 108 531 271. 87	2 907 041 559. 95	2 126 418 528. 67	2 001 978 293. 97
其他	8 007 450 306. 17	7 504 750 146. 42	4 352 511 020. 77	3 376 269 782. 76
合计	170 592 428 489. 17	112 404 155 789. 00	132 189 595 255. 70	84 870 692 073. 91

资料来源：格力电器 2018 年年报。

表 11 - 2 美的集团年报数据

单位：千元

产品名称	2018 年度		2017 年度	
	主营业务收入	主营业务成本	主营业务收入	主营业务成本
暖通空调	109 394 649	75 886 326	95 352 449	67 664 335
消费电器	102 992 803	72 959 466	98 748 018	71 722 720
机器人及自动化系统	25 677 924	19 809 997	27 037 062	23 123 363
其他	2 915 172	2 837 790	2 352 377	2 284 403
合计	240 980 548	171 493 579	223 489 906	164 794 821

资料来源：美的集团 2018 年年报。

请读者注意：在2017年以前，该集团并没有机器人及自动化系统这项业务。机器人及自动化系统是企业于2017年以较高商誉为代价高价购入的，该业务在2017年丰富了美的集团的多元化结构。

从企业主营业务收入的结构和毛利率的结构来看，企业传统的、主要靠自己直接投资所实现的两个主营业务——暖通空调和消费电器继续在企业的业绩中占据主体地位。而以重金购入的机器人及自动化系统业务在被并入的第二年就出现营业收入下降的情况。更为重要的是，机器人及自动化系统业务不但规模远不如前两类业务，毛利率也不高。

如果机器人及自动化系统业务未来的规模和盈利能力均不能达到并购时的预期，则企业的并购行为以及并购后的业务贡献很难说与企业的战略相吻合，因为以高代价购入的子公司的业务一般应该表现出高毛利率。但是，很显然，连续两年，机器人及自动化系统业务并没有表现出应有的盈利能力。

如果被并购企业的业务结构、盈利能力与并购方美的集团的发展战略长期不吻合，则在并购机器人及自动化系统这一点上很难说美的集团是在朝预期战略的方向发展。

二、企业业务地区结构中的战略信息：格力电器

实际上，企业的营业收入总是在一定的地区实现的。这就

是说，不同地区对企业的历史业绩形成了支撑。这种支撑对企业未来的发展具有重要意义：有的曾经强力支撑企业业绩发展的地区由于政治、经济、社会等方面的原因对该企业的未来业绩不再形成强力支撑；有的地区又可能对企业的未来业绩形成新的重要的支撑。

同时，在不同地区发展自己的业务可能是企业有目的地进行区域布局的结果。在这种情况下，企业的业务结构的区域布局在一定程度上反映了企业战略在区域布局方面的成效。

还是以格力电器为例。格力电器的一句广告语是：让世界爱上中国造！

我们看一下该公司 2018 年度的业务数据的地区结构（见表 11－3）。

表 11－3　格力电器 2018 年度业务数据的地区结构　单位：元

地区	本期发生额		上期发生额	
	营业收入	营业成本	营业收入	营业成本
内销	148 322 536 473.83	93 103 971 438.42	113 695 815 039.68	68 324 599 472.39
外销	22 269 892 015.34	19 300 184 350.58	18 493 780 216.02	16 546 092 601.52
合计	170 592 428 489.17	112 404 155 789.00	132 189 595 255.70	84 870 692 073.91

资料来源：格力电器 2018 年年报。

数据显示，企业营业收入的主体实现的地区是中国境内，且毛利率很高。与此形成鲜明对照的是，企业的外销营业收入仅仅占全部营业收入的一小部分，且毛利率显著低于企业的内销毛利率。

看来，“让世界爱上中国造!”在现阶段只能是一句豪迈的口号。当然，这也可能是企业未来在全球发展的布局。但现阶段，爱格力的主要是国内的消费者。

三、企业利润总额结构中的战略信息：长安汽车

按照现在企业利润表的披露，支持企业营业利润的主要是三个支柱：核心利润、投资收益和其他收益。这三个支柱项目的数据对比关系也包含了战略信息。

当企业核心利润的规模对营业利润形成主要支撑时，企业主营业务的市场盈利能力一般较强，企业的发展主要集中在主营业务上；当企业投资收益的规模对营业利润形成重要支撑时，可能意味着企业主营业务的市场盈利能力较弱，企业的财务业绩不得不靠投资收益来弥补；当企业其他收益的规模对营业利润形成重要支撑时，可能意味着企业主营业务的市场盈利能力较弱，企业的财务业绩不得不靠政府补贴来实现——或者是企业因发展符合政府的产业政策等而获得了较大规模的政府补贴，或者是企业的财务人员对政府补贴政策有精准的研究而使企业

获得了较大规模的政府补贴。

我们用一个规模较大的企业的利润表来说明这个问题。

下面的利润表（见表 11－4）来自上市公司重庆长安汽车股份有限公司 2016—2018 年度合并利润表。

表 11－4 长安汽车利润表 单位：元

	2018－12－31	2017－12－31	2016－12－31
报告期	年报	年报	年报
营业总收入	66 298 270 390	80 012 205 182	78 542 441 757
营业收入	66 298 270 390	80 012 205 182	78 542 441 757
营业总成本	69 310 155 140	81 422 020 297	78 703 286 521
营业成本	56 583 468 369	69 363 032 741	64 487 605 909
税金及附加	2 305 917 984	3 074 023 009	3 629 619 041
销售费用	5 283 255 346	3 978 124 860	5 293 744 701
管理费用	2 782 755 531	5 280 296 494	5 128 856 385
研发费用	2 543 265 379		
财务费用	－427 062 035	－524 973 961	－305 390 915
其中：利息费用	11 700 010		
利息收入	476 922 767		
资产减值损失	238 554 565	251 517 155	468 851 401
加：其他收益	2 873 192 103	1 613 343 217	
投资净收益	－71 306 777	6 906 324 932	9 619 016 255
其中：对联营企业和合营企业的投资收益	－331 883 561	6 854 896 912	9 563 723 801

续表

报告期	2018-12-31 年报	2017-12-31 年报	2016-12-31 年报
资产处置收益	8 561 075	41 774 452	−26 176 073
营业利润	−201 438 350	7 151 627 486	9 431 995 417
加：营业外收入	916 219 225	104 330 128	975 460 954
减：营业外支出	56 555 551	75 068 057	57 631 591
利润总额	658 225 324	7 180 889 557	10 349 824 780
减：所得税费用	−65 134 058	−27 547 713	73 230 121
净利润	723 359 382	7 208 437 270	10 276 594 659

资料来源：长安汽车 2016—2018 年年报。

数据显示：该公司自 2016 年度以来，营业收入出现了波动。2018 年度的营业收入创三年来新低。

从净利润的规模来看，三年内每年的净利润出现持续下滑。

营业利润的情况也是如此，三年内每年的营业利润持续下滑，2018 年还出现负数。

这意味着，近几年该公司的利润规模持续下降，一年不如一年。

比较一下该公司过去三年的营业利润、投资净收益和其他收益（2016 年，其他收益属于营业外收入），我们会发现：企业在过去几年里持续对净利润和营业利润做出贡献的支柱不是核心利润（请读者自行计算各年核心利润的数据），而是投资净收益和其他收益！

投资净收益和其他收益对企业营业利润的支持在 2017 年达到顶峰：2017 年企业的营业利润不足 72 亿元，但其投资净收益和其他收益就分别达到约 69 亿元和 16 亿元。

投资净收益和其他收益对企业营业利润的支持在 2018 年遇到了瓶颈：2018 年在其他收益贡献了约 29 亿元的情况下，投资净收益在持续强支持企业的营业利润后终于变成了负数，营业利润最终也变成了负数。

从长安汽车利润表的数据结构来看，核心利润在过去三年内从来没有形成企业营业利润的支柱。因此，主营业务的市场竞争力远不能解决企业利润表的盈利问题。

这意味着，企业现有产品在战略上可能需要做出调整：或者通过研发提高企业产品的市场竞争力，或者将产品出售、企业变更主业，等等。

四、案例分析：泛华体育

下面我们讨论一下泛华体育的相关财务数据。表 11－5 和表 11－6 给出了泛华体育营业收入类型结构和地域结构的信息。

1. 企业业务的类型结构与发展战略

下面是关于泛华体育 2018 年营业收入类型结构的信息（见表 11－5）。

表 11-5　泛华体育营业收入类型结构的信息

单位：元

收入类型名称	本期发生额		上期发生额	
	营业收入	营业成本	营业收入	营业成本
主营业务	94 135 895.16	85 050 099.66	70 386 573.84	57 587 897.65
其中：体育场馆设施建设	82 607 481.34	75 357 152.44	49 245 861.28	40 999 120.24
体育场馆建设材料销售	11 528 413.82	9 692 947.22	21 140 712.56	16 588 777.41
其他业务	7 479 565.38	5 452 618.77	19 341 905.79	11 707 234.41
其中：体育设计咨询业务	1 643 033.69	1 001 709.49	2 720 747.49	787 029.35
赛事及场馆运营	5 836 531.69	4 450 909.28	16 253 636.93	10 630 993.65
冰场设备租赁			367 521.37	289 211.41
合计	101 615 460.54	90 502 718.43	89 728 479.63	69 295 132.06

资料来源：泛华体育 2018 年年报附注。

表 11-6　泛华体育营业收入地域结构的信息

单位：元

地区	本期发生额		上期发生额	
	营业收入	营业成本	营业收入	营业成本
国内销售	89 471 980.35	71 126 803.57	75 344 012.83	58 446 455.88
国外销售	12 143 480.19	19 375 914.86	14 384 466.80	10 938 676.18
合计	101 615 460.54	90 502 718.43	89 728 479.63	69 295 132.06

资料来源：泛华体育 2018 年年报附注。

数据显示，与 2017 年相比，企业 2018 年主营业务的市场规模大幅增加，但毛利额和毛利率显著下降。从主营业务的具体结构来看，体育场馆设施建设业务显著增加，但毛利额和毛利率出现下降。

企业在年报中对营业收入变化的说明为："2018 年，公司继续优化产业结构，全力推进主营业务的发展，收缩其他业务线，公司营业收入得到改善。"这意味着营业收入的结构性变化是企业主动调整业务发展战略的结果。

在大幅增加营业收入的同时，毛利额和毛利率出现大幅下降，既可能意味着企业的市场竞争力下降，也可能意味着企业为了扩大营业收入而进行让利处理。

2. 企业业务的市场结构与发展战略

下面是关于泛华体育营业收入地域结构的信息（见表 11 - 6）。

数据显示，与 2017 年相比，企业 2018 年营业收入的国内市场规模扩张幅度较大，毛利的贡献较高（毛利高于上年）；企业 2018 年营业收入的国外市场规模有所萎缩，且根本不能为企业带来毛利。实际上，正是受国际业务的拖累，企业的整体盈利能力出现显著下滑。

3. 企业利润表的结构与企业战略

从第 2 讲展示的泛华体育 2017—2018 年度利润表数据来看，2017 年以后，公司进入一个波动发展阶段。

实际上，企业 2017 年的营业收入只带来少量核心利润。2017 年之所以有一定规模的营业利润，主要是投资收益的贡献。而这种以短期投资为主的投资获得收益的持续性是有问题的。

果然，2018 年，企业的核心利润和投资收益均出现负数，使得企业彻底陷入亏损状态。

需要注意的是，企业没有其他收益。这可能意味着企业对政府的补贴政策研究不够，也可能意味着企业所从事的业务不能获得政府补贴。

从企业利润表的结构来看，主营业务的盈利能力是未来企业发展的关键因素。如果现有业务不能持续带来利润，企业就必须对业务进行战略调整。

第 12 讲 / *Chapter Twelve*

现金流量表与现金流量的分类

这一讲和下一讲，我们来认识和分析现金流量表。

一、盈利与赚钱

我不知道在日常生活里或在企业的管理过程中，你对是否赚钱或企业是否盈利做不做区分。我接触到的很多非会计背景的企业界人士大多认为，利润应该对应企业货币资金的增加。

实际上，企业有没有利润和是否通过盈利的手段赚钱是两个不同的概念。

我们现在已经知道了，企业有三张基本财务报表，即资产负债表、利润表和现金流量表。我给这三张报表分别打个比喻：

资产负债表是底子——展示了企业的家底；利润表是面子——展示了企业是否盈利的脸面；现金流量表是日子——展示了企业日常经营管理过程中货币资金的来龙去脉。

我们在前面曾经简单介绍过，企业利润表中各个项目的确认要遵循一个基本的原则——权责发生制。概言之，收入增加不等于货币资金增加，费用增加不等于货币资金减少，净利润也不意味着企业货币资金的净增加。

因此，看企业有没有效益、有没有利润，要看利润表；看企业账面上的资源是否雄厚，要看资产负债表；看企业是不是赚了钱以及钱的来路与去处，就要看现金流量表。

由于利润表是企业财务形象的脸面，因此，财务造假的重灾区和主战场一定是利润表。

这就和人一样。很多人每天早晨起来出门之前要化妆。化妆的过程实际上就有点造假的意思。要想表现出比实际更好的状态，就需要化妆。企业也是这样。当一个亏损的企业非要把自己描述成盈利的时候，它就是在造假；或者企业非要把盈利较低变为盈利较高的时候，它也是在造假。

大家想一想，化妆的重点在哪里？是不是脸这个最重要的部位？有没有人听说过先给自己的钱包化妆？

实际上，脸可以通过化妆达到自然条件下达不到的状态。但不论你如何化妆，钱包里的钱都不会有任何变化。

企业的现金流量表有点类似：企业有没有利润可以通过造假来实现，但有没有钱不好造假。

二、现金流量的分类

现金流量表是反映企业一定时期各类活动所带来的现金及现金等价物（现金等价物一般是指回收期限在 3 个月以内的短期投资）的流入与流出的报表。现金流量表是一个结构性展示企业现金流量的报表。

实际上，现金流量表反映了企业的钱是怎么来的，花到哪里去了。

企业的现金流量可以分成三类。

（一）经营活动产生的现金流量

经营活动是指企业投资活动和筹资活动以外的所有交易和事项。各类企业由于行业不同，对经营活动的认定存在一定差异。就工商企业来说，经营活动主要包括：销售商品、提供劳务、经营性租赁、购买商品、接受劳务、广告宣传、推销产品、缴纳税款等。在我国，企业经营活动产生的现金流量应当采用直接法填列。直接法是指通过现金收入和现金支出的主要类别列示经营活动的现金流量。

1. 经营活动流入的现金

主要包括：

（1）销售商品、提供劳务收到的现金：反映企业因销售商品、提供劳务实际收到的现金（含销售收入和应向购买者收取的增值税销项税额），包括本期销售商品、提供劳务收到的现金，以及前期销售和前期提供劳务本期收到的现金和本期预收的账款，本期退回本期销售的商品和前期销售本期退回的商品支付的现金，从本项目中减去。

（2）收到的税费返还：反映企业收到的税务部门返还的各种税费。

（3）收到其他与经营活动有关的现金：反映企业除了上述各项目外，收到的其他与经营活动有关的现金流入，如经营租赁收到的租金、罚款收入、流动资产损失中由个人赔偿的现金收入等。

2. 经营活动流出的现金

主要包括：

（1）购买商品、接受劳务支付的现金：反映企业购买材料和商品、接受劳务实际支付的现金，包括本期购入材料和商品、接受劳务支付的现金（包括增值税进项税额），以及本期支付前期购入材料和商品、接受劳务的未付款项和本期预付的款项。

（2）支付给职工以及为职工支付的现金：反映企业实际支

付给职工的工资、奖金、各种津贴和补贴，以及为职工支付的“五险一金”和其他福利费用等。

（3）支付的各项税费：反映企业按规定支付的各种税费，包括本期发生并支付的税费，以及本期支付以前各期发生的税费和预交的税金，如支付的所得税、增值税、消费税、印花税、房产税、土地增值税、车船税、教育费附加等，不包括计入固定资产价值、实际支付的耕地占用税等。

（4）支付其他与经营活动有关的现金：反映企业除了上述各项目外，支付的其他与经营活动有关的现金流出，如企业经营租赁支付的租金、罚款支出、差旅费、业务招待费、保险费等。

（二）投资活动产生的现金流量

投资活动是指企业非流动资产的购建和处置活动以及不包括在现金等价物范围内的投资性资产的取得和处置活动。

1. 投资活动流入的现金

主要包括：

（1）收回投资收到的现金：反映企业出售、转让或到期收回除现金等价物以外的对其他企业的权益工具、债务工具和合营中的权益（本金）而收到的现金。

（2）取得投资收益收到的现金：反映企业除现金等价物以

外的对其他企业的权益工具、债务工具和合营中的权益投资分回的现金股利和利息等。

（3）处置固定资产、无形资产和其他长期资产收回的现金净额：反映企业处置固定资产、无形资产和其他长期资产所取得的现金，减去为处置这些资产而支付的有关费用后的净额。

（4）收到其他与投资活动有关的现金：反映企业除了上述各项目外，收到的其他与投资活动有关的现金流入。

2. 投资活动流出的现金

主要包括：

（1）购建固定资产、无形资产和其他长期资产支付的现金：反映企业购买、建造固定资产，取得无形资产和其他长期资产所支付的现金（含增值税款），以及用现金支付的应由在建工程和无形资产负担的职工薪酬（不包括为购建固定资产而发生的借款利息资本化的部分，借款利息和融资租入固定资产支付的租赁费在筹资活动产生的现金流量中反映）。

（2）投资支付的现金：反映企业取得除现金等价物以外的对其他企业的权益工具、债务工具和合营中的权益所支付的现金，以及支付的佣金、手续费等附加费用。

（3）支付其他与投资活动有关的现金：反映企业除了上述各项目外，支付的其他与投资活动有关的现金流出。

(三) 筹资活动产生的现金流量

筹资活动是指导致企业权益资本及债务资本的规模和构成发生变化的活动。这里所说的权益资本包括实收资本（股本）、资本溢价（股本溢价），与权益资本有关的现金流入和流出项目包括吸收投资、发行股票、分配利润等；这里的债务资本是指企业对外举债所借入的款项，与债务资本有关的现金流入和流出项目包括发行债券、向金融企业借入款项以及偿还债务等。

1. 筹资活动流入的现金

主要包括：

（1）吸收投资收到的现金：反映企业收到的投资者投入的现金，包括以发行股票、债券等方式筹集资金实际收到的款项，减去直接支付给金融企业的佣金、手续费、宣传费、咨询费、印刷费等发行费用后的净额（以发行股票、债券等方式筹集资金而由企业直接支付的审计、咨询等费用，在“支付其他与筹资活动有关的现金”项目反映）。

（2）取得借款收到的现金：反映企业举借各种短期、长期借款所收到的现金。

（3）收到其他与筹资活动有关的现金：反映企业除了上述各项目外，收到的其他与筹资活动有关的现金流入。

2. 筹资活动流出的现金

主要包括：

（1）偿还债务支付的现金：反映企业以现金偿还债务的本金，包括偿还金融企业的借款本金、债券本金等。

（2）分配股利、利润或偿付利息支付的现金：反映企业实际支付的现金股利，支付给其他投资单位的利润，以及支付的借款利息、债券利息等。

（3）支付其他与筹资活动有关的现金：反映企业除了上述各项目外，支付的其他与筹资活动有关的现金流出，如捐赠现金支出、融资租入固定资产支付的租赁费等。

三、三张财务报表在概念上的差异

学到现在，相信读者已经对三张基本财务报表有了不错的认识。

现在，我们讨论一下三张报表中一些概念在运用上的差异。

实际上，一些最基本的概念如经营、投资和筹资在三张报表中所表现出来的内涵不太一样，读者需要特别注意。

（一）关于经营概念的内涵

1. 资产负债表上的经营概念的内涵

在资产负债表上，经营资产的内涵是很清楚的。

简单地说，经营资产就是企业从事经营活动的各项资产，包括货币资金、商业债权（应收账款和应收票据）、存货、预付款项、固定资产、无形资产以及在建工程等。

2. 利润表上的经营概念的内涵

从表面看，利润表上是没有经营概念的。但实际上，利润表上的营业概念就是经营概念。

我们在利润表的分析中已经熟悉了相关的营业概念，如营业收入、营业成本、营业利润。

需要注意的是，尽管利润表中的营业与资产负债表和现金流量表中的经营有相当密切的联系，但营业利润的构成相当复杂，因此，营业利润概念的内涵与常识意义上经营概念的内涵有较大的差异。

实际上，在利润表上，营业利润的营业范围显得十分霸道，除了营业外的，全部叫营业。营业利润既包括常识意义上的营业收入带来的核心利润，也包括与经营活动毫无关联的投资净收益、资产处置收益、公允价值变动收益以及代表政府补贴的其他收益等。

所以说，利润表上的营业概念的内涵是比较混乱的：营业收入就是企业经营资产所带来的营业收入；而营业利润就变成了大杂烩，不属于营业外的都属于营业内。

极端的情况下，企业有可能在营业收入不能带来利润的条件下，依靠政府补贴、投资收益以及处置非流动资产（如变卖学区房等）等手段扭亏为盈。这样获得的利润也叫营业利润！

3. 现金流量表上的经营概念的内涵

在现金流量表上，经营活动产生的现金流量作为一类现金流量单独列示，形成现金流量表最重要的组成部分。

从我们前面介绍的企业经营活动产生的现金流入和流出的结构和内容看，现金流量表上经营概念的内涵比资产负债表和利润表上经营概念的内涵小得多。

现金流量表上的经营活动主要包括企业与经营性流动资产（如应收账款、应收票据、存货、预付款项等）和经营性流动负债（如应付票据、应付账款、预收款项、应付职工薪酬和应交税费等）等有关的经营项目变化所带来的现金流量，而将与固定资产、无形资产等非流动资产有关的现金流量归于投资活动。

此外，在利润表上投资收益（属于利润表上营业利润的范畴）所对应的现金流入量属于现金流量表的投资活动，在利润表上利息费用（属于利润表上营业利润的范畴，减少营业利润）所对应的现金流出量属于现金流量表的筹资活动。

（二）关于投资概念的内涵

1. 资产负债表上的投资概念的内涵

在资产负债表上，可以这样说：不是经营资产的就是投资资产。

一般来说，中小企业的资产主要是经营资产，投资资产并不多。

企业如果有富余资金，可能会对外进行一些投资，比如理财（一般计入其他流动资产）、对外持有股份的投资（计入长期股权投资）、对外长期债权投资（一般计入持有至到期投资）、短期在资本市场上的投资（一般计入交易性金融资产）等。

因此，资产负债表上的投资资产一般是指企业经营资产以外的资产。

2. 利润表上的投资概念的内涵

在利润表上有一个与投资有关的收益项目，叫投资收益。

这个投资收益中投资概念的内涵与资产负债表上投资概念的内涵是一致的——属于投资资产所获得的利润。

3. 现金流量表上的投资概念的内涵

在现金流量表上，投资活动产生的现金流量作为一类现金流量单独列示。

从我们前面介绍的企业投资活动产生的现金流入和流出的结构和内容看，现金流量表上投资概念的内涵比资产负债表和利润表上投资概念的内涵广得多。

现金流量表上的投资活动，既包括企业在资产负债表和利润表上的投资（如理财、对外持有股份的投资、对外长期债权投资、短期在资本市场上的投资等）活动，也包括与资产负债表和利润表上明显属于经营范围的企业固定资产和无形资产相关的活动（如购建固定资产、无形资产和其他长期资产等）。

（三）关于筹资概念的内涵

1. 资产负债表上的筹资概念的内涵

在资产负债表上，筹资概念的内涵是比较清楚的。

一般而言，企业的金融性负债（包括各类贷款、债券等融资性负债以及包含利息因素的其他应付款等）以及具有股东入资性质的股本和资本公积属于企业的筹资活动。

2. 利润表上的筹资概念的内涵

从表面看，利润表上是没有筹资概念的。但实际上，利润表上的财务费用和利息费用就反映了筹资概念。

从内容构成看，利润表上财务费用和利息费用的概念与企业的筹资活动高度一致。

3. 现金流量表上的筹资概念的内涵

在现金流量表上，筹资活动产生的现金流量作为一类现金流量单独列示，形成现金流量表的最后部分。

从我们前面介绍的企业筹资活动产生的现金流入和流出的结构和内容看，现金流量表上筹资概念的内涵与资产负债表和利润表上筹资概念的内涵比较一致。

从上面的讨论来看，在三张财务报表上概念内涵出现较大变化的主要是经营和投资。

请读者注意这方面的变化与差异。

有读者可能会问，就这么几个概念，为什么三张报表就不能一致或者统一起来呢？这不是自己折腾自己吗？这不是无端制造概念上的混乱吗？

实际上，三张报表在概念上有所差异的情形在国际上是普遍存在的。读者要适应这种情况。

下面展示的就是本书中一直作为分析对象的泛华体育的现金流量表（见表 12－1）。

现在问题来了：怎么分析现金流量表？

首先我想讲一下：现金流量表是什么时候才有的？

美国和欧洲是较早编制现金流量表的。欧美编制现金流量表也是经历了一个过程，最终在 20 世纪 80 年代末 90 年代初，欧美的企业开始编制现金流量表。

那么，中国是什么时候开始编制现金流量表的呢？

1993 年中国会计开始改革，将原来规范企业会计行为的企业会计制度统一为《企业会计准则》，由财政部发布。

但直到 1998 年，会计准则才开始规范现金流量表的编制。

这就是说，不论是欧美还是中国，现金流量表出现的时间都非常短，所以对现金流量表的认识与分析还处于探索中。

表 12-1 泛华体育现金流量表

单位：元

	2018-12-31	2017-12-31	2016-12-31
报告期	年报	年报	年报
报表类型	母公司报表	母公司报表	母公司报表
经营活动产生的现金流量：			
销售商品、提供劳务收到的现金	131 422 495.15	87 789 633.55	112 595 905.81
收到其他与经营活动有关的现金	5 338 172.78	4 231 453.80	48 116 060.74
经营活动现金流入小计	136 760 667.93	92 021 087.35	160 711 966.55
购买商品、接受劳务支付的现金	90 547 991.75	79 022 821.96	79 065 629.71
支付给职工以及为职工支付的现金	11 114 823.22	8 282 256.92	7 811 577.21
支付的各项税费	1 994 737.50	3 041 553.04	8 772 539.53
支付其他与经营活动有关的现金	34 873 216.31	15 778 136.34	38 066 207.10
经营活动现金流出小计	138 530 768.78	106 124 768.26	133 715 953.55
经营活动产生的现金流量净额	−1 770 100.85	−14 103 680.91	26 996 013.00
投资活动产生的现金流量：			
收回投资收到的现金	96 060 314.32	33 000 000.00	22 000 000.00
取得投资收益收到的现金	2 985 563.32	13 963 914.41	492 815.29
处置固定资产、无形资产和其他长期资产收回的现金净额		239 316.24	2 735 000.00
投资活动现金流入小计	99 045 877.64	47 203 230.65	25 227 815.29

续表

	2018－12－31	2017－12－31	2016－12－31
报告期	年报	年报	年报
报表类型	母公司报表	母公司报表	母公司报表
购建固定资产、无形资产和其他长期资产支付的现金	12 003.45	1 155 626.04	38 315.24
投资支付的现金	88 437 368.00	17 078 619.32	26 500 000.00
投资活动现金流出小计	88 449 371.45	18 234 245.36	26 538 315.24
投资活动产生的现金流量净额	10 596 506.19	28 968 985.29	−1 310 499.95
筹资活动产生的现金流量：			
取得借款收到的现金	2 825 205.77		
筹资活动现金流入小计	2 825 205.77		
偿还债务支付的现金	2 825 205.77		30 000 000.00
分配股利、利润或偿付利息支付的现金	12 135.62		942 500.00
支付其他与筹资活动有关的现金	2 055 000.00		
筹资活动现金流出小计	4 892 341.39		30 942 500.00
筹资活动产生的现金流量净额	−2 067 135.62		−30 942 500.00
汇率变动对现金及现金等价物的影响	20 374.64	−7 822.33	
现金及现金等价物净增加额	6 779 644.36	14 857 482.05	−5 256 986.95
期初现金及现金等价物余额	19 691 879.90	4 834 397.85	10 091 384.80
期末现金及现金等价物余额	26 471 524.26	19 691 879.90	4 834 397.85

相当多会计界的学者按照资产负债表和利润表的传统分析方法，继续沿着进行财务比率分析的道路探索与现金流量有关的财务比率，并取得了不少成果。

有些人就想继续计算比率，并创造出很多比率。我看过大量与现金流量有关的比率，说实话我认为很多比率没有什么实际意义。

那么，我们到底应该怎样去认识现金流量表的分析，哪些现金流量的比率是可以用的呢？请看下一讲。

第 13 讲 / *Chapter Thirteen*

现金流量表分析

这一讲我们讨论现金流量表的分析。

在上一讲的最后我提了一下，大量有财会背景的老师或者我的同行，对如何分析企业的现金流量表做了很多探索，其中一个重要的探索就是想尽办法设计出各种各样的财务比率。关于现金流量表的比率已经不少，但大多没有什么实际分析的价值。

我先举几个常见的财务比率，读者可以体会一下。

第一，用经营活动的现金流量净额除以流动负债。这个比率叫做现金流动负债比。这是一个衡量企业经营活动的现金流量对流动负债保证程度的比率。但是，不要忘了，经营活动的现金流量是一年或者特定月度、季度、半年等报告期的。在一年内，可能前 8 个月有钱，后 4 个月没钱，加在一起有钱。而流动负债是会计期末的，假设是某年 12 月 31 日的。这样，用一个时期的数字与一个特定时点（这个时点还不一定有代表性）的数字做对比，很难说明问题。此外，企业的流动负债不仅包括经营性负债，还有短期借款。而短期借款既可以由经营活动产生的现金流量来偿还，也可以由筹资活动产生的现金流量来偿还。

第二，用经营活动的现金流量净额除以企业的总贷款。这个比率解释起来似乎也很合理：衡量企业用经营活动的现金流量净额偿付全部企业贷款的能力。问题是，企业的贷款有短期有长期，企业特定期间经营活动的现金流量净额怎么可能管长期贷款偿还的事情呢？

一、现金流量与现金流动

讲现金流量表的分析就必须提到一位会计界的前辈。

厦门大学会计界的老前辈常勋教授于 20 世纪 80 年代末在中央广播电视大学出版社出版了《西方财务会计》。那个时候，现金流量表正处于从讨论到编制的阶段，甚至这张报表的中文翻译还没有确定。

在那本书中，常勋教授把这张报表介绍给中国读者。他说，这张报表可以有两个翻译，第一个翻译叫现金流动表，第二个翻译叫现金流量表。

现在，主流的翻译确定为现金流量表并且这种说法已经深入人心了。

但是，我要说，现金流量与现金流动有显著的区别。

现金流量的概念表现的是什么呢？它更多是静态的、结构性的，注重对现金及现金等价物结构和规模的考察。

而现金流动的概念更多考察或者关注的是现金及现金等价物的来龙去脉。

请读者体会一下，现金流量表是不是在相当程度上体现了这种动态的关系。

下面我举几个简单的业务，请读者体会一下现金流动的概念。

第一个业务。股东入资——一家企业要成立了。假设股东投入的都是货币资金，金额为 1 亿元。这个业务在现金流量表里怎么反映呢？

显然，这是一项筹资活动。而筹资活动产生的现金流量属于现金流量表的第三类现金流量。在这个区域，第一行就应该是股东入资收到的现金（“吸收投资收到的现金”项目）。当然，在收录泛华体育这个案例的资料时，由于企业当年没有取得股东入资收到的现金，我们把这一行给删掉了。

股东入资 1 亿元，就是筹资活动产生的现金流入量。这个业务将导致企业筹资活动产生的现金流量增加 1 亿元。

第二个业务。企业认为股东入资满足不了企业发展所需，还需要借款。于是企业向银行借款 2 000 万元。

这个业务是企业获得借款 2 000 万元。与第一个业务股东入资一样，只不过现在是从银行借入资金。因此，从性质上看，这还是一项筹资活动。

因此，企业借款 2 000 万元将导致企业筹资活动产生的现金流量——“取得借款收到的现金”增加 2 000 万元。

筹资活动产生的现金流入量奠定了企业发展最根本的资源基础。

第三个业务。企业设立以后，就要进行物质准备，将股东投入的资金以及从银行借入的资金转化为各种与企业经营活动有关的必要的技术装备等，就要拿地、盖房、买设备等。

为了说明问题，我们把业务处理得简单一些。

假设企业购买设备花费 3 000 万元（忽略增值税和运费等相关费用）。这是一个什么业务呢？这是一个花钱买设备的业务。

花钱买设备的业务，在现金流量表上归属于投资活动产生的现金流出量。请读者看一下现金流量表，在投资活动产生的现金流量区域内，在流出量中包含“购建固定资产、无形资产和其他长期资产支付的现金”项目。

这就是说，“企业购买设备花费 3 000 万元”这个业务将导致企业投资活动产生的现金流出量增加 3 000 万元。

第四个业务。企业向雇用的职工支付工资 200 万元。企业开展任何活动都需要人。企业支付给员工的工资薪金等，按照现在的现金流量分类属于经营活动产生的现金流出量。因此，“企业向雇用的职工支付工资 200 万元”这个业务将导致企业经营活动产生的现金流出量增加 200 万元。

第五个业务。企业对外支付 1 000 万元购买用于销售的货物（为简化起见，忽略与货物销售有关的税金和运费等因素）。假设这是一个食品流通企业，其经营活动的主要内容就是购买货物和销售货物。按照现在的现金流量分类，与企业对外购买用于销售的货物有关的现金流量属于经营活动产生的现金流出量。因此，“企业对外支付 1 000 万元购买用于销售的货物”这个业务将导致企业经营活动产生的现金流出量增加 1 000 万元。

请注意：到现在为止，企业与现金流量有关的活动涉及两项筹资活动的现金流入、一项投资活动的现金流出、两项经营活动的现金流出。

在企业不能通过销售商品收取货款之前，企业筹资活动的现金流入量支持了投资活动的现金流出量以及经营活动的现金流出量。

如果这样发展下去，企业就是在烧钱，烧股东和债权人的钱。

第六个业务。企业售出购入成本为500万元的货物，作价800万元，并立即收取销售货款（为简化起见，忽略与货物销售有关的税金和运费等因素）。

现金流量表只关心是否收到货币资金。按照现在的现金流量分类，与企业收取销售货款有关的现金流量属于经营活动产生的现金流入量。因此，“企业收取销售货款800万元”这个业务将导致企业经营活动产生的现金流入量增加800万元。

第七个业务。企业缴纳各种税金100万元。

按照现在的现金流量分类，与企业缴纳各种税金有关的现金流量属于经营活动产生的现金流出量。因此，“企业缴纳各种税金100万元”这个业务将导致企业经营活动产生的现金流出量增加100万元。

第八个业务。企业支付与贷款有关的利息80万元。

按照现在的现金流量分类，与企业支付利息有关的现金流量属于筹资活动产生的现金流出量。因此，“企业支付与贷款有关的利息80万元”这个业务将导致企业筹资活动产生的现金流出量增加80万元。

第九个业务。企业向股东支付现金股利20万元。

按照现在的现金流量分类，与企业向股东支付现金股利有关的现金流量属于筹资活动产生的现金流出量。因此，“企业向股东支付现金股利20万元”这个业务将导致企业筹资活动产生的现金流出量增加 20 万元。

可能有读者会问，为什么股东得到的回报这么少？

实际上，企业创造价值的分配中，股东属于最后一类利益相关者。想想看，企业获得经营活动的现金流入量以后，首先要让供应商满意——向供应商支付的货款就是供应商的销货款（在供应商提供的货物能够正常盈利的条件下，供应商的销货款包含供应商的一切资源消耗及其利润）；然后要让自己的员工满意——支付职工工资、薪金；再让税务机关满意——支付各项税金；再让银行等金融机构满意——支付利息；最后，如果还有剩余的利润，才可以给股东分红。

当然，如果企业的盈利能力和现金能力足够强，那么企业的股东可以获得更多的回报。

此外，股东还可以获得股权转让收益。在企业股权价值较高的时候，转让股权可以获得较高的投资收益。

读者可以自己去对照上述几项业务在现金流量表中的具体项目。

请注意到现在为止现金流量的来龙去脉：筹资活动的现金流入量支持了投资活动的现金流出量、支持了经营活动的现金流出量；在取得经营活动的现金流入量以后，企业就有能力补偿外购货物的支出及员工薪金支出、缴纳税金、支付利息和向股东分配利润；如果还有富余的货币资金，则可以补偿在固定资产和无形资产上所发生的折旧与摊销；如果还有富余的货币资金，可以支持企业扩大再生产或其他投资活动，或者支持企业扩大经营活动。

因此，从现金流动这个动态角度来考察企业的现金流量表，会产生与关注现金流量的结构时不一样的感觉。

二、现金流量表分析

在日常的现金流量表分析中，我们不可能总是从企业筹资的源头去分析。这是因为，我们所看到的现金流量表反映的是某特定时期的现金流量状况。

根据我的研究，对现金流量表的分析主要从以下几个方面进行。

（一）经营活动现金流量净额的充分性

企业经营活动产生的现金流量净额应该达到什么水平，理论界没有给出回答。一般认为，这个数字至少应该大于零，而且越大越好。

从企业经营活动的逻辑关系来看，企业经营活动产生的现金流量净额是由核心利润产生的。因此，经营活动现金流量净额是否充分，可以用一个我创造的财务比率——核心利润获现率来进行考察。

核心利润获现率衡量了一段时期内企业经营活动产生现金流量的能力。

实际上，影响这个比率高低的因素有很多，既与企业的行业特征有关，也与企业采用的固定资产折旧政策和无形资产摊销政策有关，还与企业的竞争力有关。

我在前面谈到过，根据我的观察，对于一般性、资产不太重（即固定资产和无形资产占经营资产的比重不是特别高）的从事产品或者劳务生产和销售的企业而言，较为理想的核心利润获现率应该为 1.2～1.5。

这就是说，企业较为理想的状态应该是既能够产生核心利润，更能够产生经营活动的现金流量净额。通俗地说，就是要有利润，更要有钱。

那些固定资产和无形资产占经营资产比重较大的企业，由于固定资产折旧和无形资产摊销对利润的影响较大，核心利润获现率应该更高。

有读者会问：核心利润获现率较低，甚至核心利润很高、经营活动产生的现金流量净额却是负数，表明企业出现了什么情况？

如果企业处于发展的起步阶段，市场还处于探索中，企业的品牌形象、产品质量还没有获得买方或者消费者的认可，那么企业往往采用赊销的方式或者需要加大对市场营销资源的投入。此种条件下的核心利润获现率较低属于企业发展正常的反映。

如果企业的业务处于较为稳定的发展阶段，企业的核心利润获现率仍然不高，一方面可能意味着企业在对上下游关系的管理中处于较为被动的状态：对于上游的供应商而言，企业必须支付大量的预付款项才可以得到所需货物；对于市场而言，企业必须采用赊销的方式才可以实现销售。另一方面可能意味着企业为了达到某种销售业绩或者利润业绩而放松了货款回收，并采用较为宽松的赊销政策，以此来刺激市场等。

（二）投资活动现金流出量的战略内涵

中小企业一般没有对外股权和债权投资，因此，对于投资活动现金流量，关注点应该集中在投资活动现金流出量上。

对现金流出量的考察，需要记住的要点是：如果企业购建固定资产、无形资产和其他非流动资产支付的现金规模不大，一般说明企业在报告期没有固定资产和无形资产的增量购建活动（本期没有这方面追加的资金），企业处于在现有固定资产和无形资产的配置下集中精力发展业务的阶段；如果企业购建固定资产、无形资产和其他非流动资产支付的现金有一定的规模，一般说明企业在报告期在固定资产和无形资产的购建方面有新的动作，企业希望继续提高固定资产和无形资产的技术装备水平，以求未来有更大的发展。

如果企业当年对固定资产和无形资产等进行处置并获得了现金流入，则现金流量表投资活动产生的现金流量的“处置固定资产、无形资产和其他长期资产收回的现金净额”项目会有一定规模的货币资金。这可能意味着企业在报告期进行了固定资产和无形资产甚至企业发展战略的调整。对于中小企业而言，经营活动的转型往往从改变固定资产与无形资产的结构和配置开始。

此外，如果企业的货币资金有一定的富余，则企业可能从事一些短期投资活动。短期投资活动较为活跃的企业，其投资活动产生的现金流量中代表企业购买投资产品的项目“投资支付的现金”和代表企业售出相关投资产品的项目“收回投资收到的现金”就会有相应的表现。当然，企业的这些投资有没有收益，就要看利润表了。

（三）筹资活动现金流量的结构特征与支持方向

很多中小企业没有贷款融资，股东也不可能经常给企业注资。因此，很多中小企业现金流量表中筹资活动产生的现金流量是比较“冷清”的。

根据我的研究，对筹资活动现金流量的分析应该主要集中在筹资活动的现金流入量上，要关注筹资结构和支持方向。

1. 筹资结构

如果股东对企业有新的入资，筹资活动产生的现金流量的“吸收投资收到的现金”项目就会有相应的入资数据。新的股东给企业注入货币资金，有多方面的含义：（1）可能是原有的股东对企业进行了增资扩股，为企业进一步发展注入新的动力；（2）可能是有新的股东对企业的前景看好，加入企业的股东队伍，给企业注入新的发展动力。新股东进入企业以后，除了新股东入资对企业的发展有促进作用以外，企业的股权结构势必发生变化。企业的股权结构变化到一定程度就会对企业的治理产生影响（企业治理主要涉及股东之间、股东会与企业管理层之间以及股东与雇员之间的运作机制和利益协调机制）。

如果企业有贷款，则筹资活动产生的现金流量的“取得借款收到的现金”项目就会有相应的数据。企业能够取得借款，有多方面的含义：（1）可能是企业的业务发展需要新的借入资金的支持。在企业业务发展迅速，现有资金不足以支持企业货物采购、市场营销以及研发等方面需要的时候，企业可以通过对外举借债务来支持业务发展。（2）可能是企业有新的固定资产和无形资产购建计划。以企业现有的资金储备难以完成这个计划，此时就需要通过债务融资来解决。（3）企业有一定的债务融资能力，处于一个可以进行债务融资的环境中。

2. 支持方向

中小企业的筹资主要支持的方向是：第一，支持企业的固定资产、无形资产购建活动（此时，企业的筹资活动产生的现金将用于企业现金流量表投资活动的购建固定资产、无形资产）；第二，支持企业的业务扩大（此时，企业的筹资活动产生的现金将用于企业现金流量表经营活动的购买商品、接受劳务，支付给职工以及为职工支付）；第三，支持企业的还款活动（此时，企业的筹资活动产生的现金将用于偿还债务）。

当然，我们在现金流量表上只能看到结构性的对应关系，难以对企业业务发展的具体对应关系进行考察。

三、案例：对泛华体育现金流量表的分析

为分析方便起见，我们把泛华体育的现金流量表再展示一下（见表 13 - 1）。

数据显示，2018 年年末企业经营活动产生的现金流量净额为负数，说明企业经营活动的现金处于入不敷出的状态。我们在前面已经看到，企业的核心利润就是负数。这说明，对企业经营活动而言，要利润没有，要钱也没有。不过，企业经营活动产生的现金流量净额亏空并不大。

表 13-1　泛华体育现金流量表

单位：元

	2018-12-31	2017-12-31	2016-12-31
报告期	年报	年报	年报
报表类型	母公司报表	母公司报表	母公司报表
经营活动产生的现金流量：			
销售商品、提供劳务收到的现金	131 422 495.15	87 789 633.55	112 595 905.81
收到其他与经营活动有关的现金	5 338 172.78	4 231 453.80	48 116 060.74
经营活动现金流入小计	136 760 667.93	92 021 087.35	160 711 966.55
购买商品、接受劳务支付的现金	90 547 991.75	79 022 821.96	79 065 629.71
支付给职工以及为职工支付的现金	11 114 823.22	8 282 256.92	7 811 577.21
支付的各项税费	1 994 737.50	3 041 553.04	8 772 539.53
支付其他与经营活动有关的现金	34 873 216.31	15 778 136.34	38 066 207.10
经营活动现金流出小计	138 530 768.78	106 124 768.26	133 715 953.55
经营活动产生的现金流量净额	−1 770 100.85	−14 103 680.91	26 996 013.00
投资活动产生的现金流量：			
收回投资收到的现金	96 060 314.32	33 000 000.00	22 000 000.00
取得投资收益收到的现金	2 985 563.32	13 963 914.41	492 815.29
处置固定资产、无形资产和其他长期资产收回的现金净额		239 316.24	2 735 000.00
投资活动现金流入小计	99 045 877.64	47 203 230.65	25 227 815.29

续表

	2018-12-31	2017-12-31	2016-12-31
报告期	**年报**	**年报**	**年报**
报表类型	**母公司报表**	**母公司报表**	**母公司报表**
购建固定资产、无形资产和其他长期资产支付的现金	12 003.45	1 155 626.04	38 315.24
投资支付的现金	88 437 368.00	17 078 619.32	26 500 000.00
投资活动现金流出小计	88 449 371.45	18 234 245.36	26 538 315.24
投资活动产生的现金流量净额	10 596 506.19	28 968 985.29	−1 310 499.95
筹资活动产生的现金流量：			
取得借款收到的现金	2 825 205.77		
筹资活动现金流入小计	2 825 205.77		
偿还债务支付的现金	2 825 205.77		30 000 000.00
分配股利、利润或偿付利息支付的现金	12 135.62		942 500.00
支付其他与筹资活动有关的现金	2 055 000.00		
筹资活动现金流出小计	4 892 341.39		30 942 500.00
筹资活动产生的现金流量净额	−2 067 135.62		−30 942 500.00
汇率变动对现金及现金等价物的影响	20 374.64	−7 822.33	
现金及现金等价物净增加额	6 779 644.36	14 857 482.05	−5 256 986.95
期初现金及现金等价物余额	19 691 879.90	4 834 397.85	10 091 384.80
期末现金及现金等价物余额	26 471 524.26	19 691 879.90	4 834 397.85

如果企业经营活动产生的现金流量净额长期为负数，则企业的固定资产折旧、无形资产摊销、利息费用等是难以补偿的，更不用说向股东支付现金股利了。

在投资活动的现金流量方面，企业 2018 年购建固定资产和无形资产方面的支出微不足道，仅有 1 万多元。这说明，企业现有经营活动的物质资源基础在年度内没有什么变化。这与我们前面对企业固定资产和无形资产规模的分析结论是一致的。企业主要是再利用原有的资源来实现业务发展，或者通过商业模式的变革实现一定资源基础上的业务发展。

2018 年，引人注目的投资活动现金流量是非战略性的投资支付的现金以及收回投资收到的现金，其规模相当大，且取得投资收益收到了规模不小的现金。如果把取得投资收益收到的现金归于企业利润中投资收益的现金流量贡献，则企业利润贡献的现金流量由两方面组成：一方面是企业经济活动产生的现金流量净额，另一方面是取得投资收益收到的现金。两者相加是正值，说明企业利润贡献了正的现金流量，只不过规模较低。

我之所以说企业的这种投资活动的流入量与流出量不具有战略意义，是因为这些短时间内的买入卖出就是为了解决闲置资金的增值问题，一般不是为了大的战略布局进行的资源安排。

无论如何，较为频繁的短期投资活动甚至理财活动对企业的现金流量有所贡献当然是好事。

在筹资活动的现金流量方面，数据显示得也很清楚：企业在2018年进行了借款和还款，且数据完全一样。考虑到企业在2018年短期投资活动较为活跃的情况，企业应该不缺钱（尽管企业的利润并没有带来多少现金净流入量，但以前年度的货币资金积累完全可以满足企业经营的需要）。不知道这项贷款融资的目的是什么。

总体来讲，泛华体育的现金流量情况是这样的：第一，企业经营活动的现金流量处于入不敷出的状态，但是比核心利润亏得少一些；第二，投资活动的现金流量较为活跃，主要是各种短期投资，虽然不具有战略性，但是对利润产生的现金流量有贡献；第三，企业的筹资活动基本上没作为——没有显著的筹资活动现金净流入量，这应该是因为公司不需要，但不能表明公司没有筹资渠道和贷款渠道。整体来讲，公司处于业务的平稳发展阶段，但面临市场竞争压力和业绩压力。

对三张基本财务报表的分析至此告一段落。从下一讲开始，我们转入与财务报表有关的专题分析。

第 14 讲 / *Chapter Fourteen*

中小企业竞争力分析

从这一讲开始，我们做一些专题分析。下面我们讲一讲中小企业的竞争力分析。

企业的竞争力有很多表现。我们现在要做的就是从企业的财务报表中挖掘企业竞争力信息。这是财务报表的主要价值之一。

实际上，企业的竞争力在不同的报表里都会有所体现。我们在前面讨论利润表和现金流量表的分析时，很多内容涉及竞争力问题。关于利润表和现金流量表中所包含的企业竞争力信息，可以参见前面的内容。

这一讲讨论企业与资产负债表有关的竞争力分析。

一、营运资本管理与竞争力

(一) 营运资本、流动比率与企业竞争力

营运资本是企业的流动资产与流动负债的差额。流动比率是流动资产与流动负债之间的比率。

显然，从概念上来说，在营运资本等于零的时候，如果企业的资产按照账面实现其价值的话，流动资产的价值恰恰可以用于偿还企业的流动负债；在营运资本大于零的时候，如果企业的资产按照账面实现其价值的话，流动资产的价值在用于偿还企业的流动负债以后，还能有一定的富余资金用于企业的其他方面；在营运资本小于零的时候，如果企业的资产按照账面实现其价值的话，流动资产的价值将不足以偿还企业的流动负债。

同样，当流动比率等于 1 的时候，如果企业的资产按照账面实现其价值的话，流动资产的价值恰恰可以用于偿还企业的流动负债；在流动比率大于 1 的时候，如果企业的资产按照账面实现其价值的话，流动资产的价值在用于偿还企业的流动负债以后，还能有一定的富余资金用于企业的其他方面；在流动比率小于 1 的时候，如果企业的资产按照账面实现其价值的话，流动资产的价值将不足以偿还企业的流动负债。

甚至一些教材认为当企业的流动比率保持在 2∶1 左右时，企业流动资产对流动负债的保障程度是较为理想的。

实际上，流动资产的各个项目不可能按照账面去实现其价值，流动负债也不一定要按照账面去偿还。例如，企业的存货一旦对外出售，其中所包含的毛利将增加企业的流动资产价值；流动负债中的预收款项只需要偿还存货或者通过提供服务的方式来清偿——预收款项中所包含的毛利是不需要立即清偿的；当企业流动比率较高的时候，一般会存在企业应收账款、应收票据和存货居高不下，大量资金被上述三个项目占用，流动资产周转缓慢的情况；当企业流动比率较低且企业能够长期保持经营持续性时，企业极有可能表现出较低的应收账款和应收票据、较低的存货、较高的应付票据与应付账款、较高的预收款项——这是企业上下游关系管理能力较强的表现。

因此，简单地比较流动资产与流动负债的规模及流动比率的大小，只能得到对企业营运资本管理的基本印象，还不足以对企业营运资本管理状况做出评价。

对营运资本管理与企业竞争力的分析，可以通过下面的结构性分析来实现。

（二）短期借款管理

对于企业短期借款的管理，可以通过比较流动资产第一行——货币资金与流动负债第一行——短期借款来考察。

一般来说，在企业货币资金存量充裕、无大额支付压力的条件下，企业不应举借自己并不需要的债务——既会产生相应的利息费用，也会恶化企业的总资产周转率和总资产报酬率。

有时候你会发现，有的企业一方面货币资金存量很充足，另一方面又进行了一定规模的借款并产生了相应的利息费用。这种情况在某些条件下是正常的：资产负债表是特定时间的，如月末、季末、半年末或者年末等。这一天企业有钱并不等于企业一年之内天天有这么多现金存量。可能由于业务具有季节性或者资产负债表那一天不是企业经营的常态，造成报表披露的信息让信息使用者产生错觉。

有时候，企业确实存在根本不需要货币资金，但银行在年底找企业借款以维持银行更好的考核指标的情况。此时，企业有两种选择：一是拒绝银行的无理要求；二是按照银行的要求借款。在第二种选择做出以后，企业就会出现一方面货币资金有较高存量，另一方面存在一定规模贷款的情况。这是企业融资环境的一种表现。

我们看一下泛华体育的情况，为方便起见，下面再次展示该企业的资产负债表信息（见表 14－1）。

表 14-1　泛华体育资产负债表　　单位：元

	2018-12-31	2017-12-31	2016-12-31
报告期	年报	年报	年报
报表类型	母公司报表	母公司报表	母公司报表
流动资产：			
货币资金	32 756 039.07	23 714 860.34	15 045 524.57
以公允价值计量且其变动计入当期损益的金融资产	4 162 268.00	13 749 112.15	
应收票据及应收账款	57 376 847.98	64 567 697.91	56 108 393.07
应收票据			5 300 000.00
应收账款	57 376 847.98	64 567 697.91	50 808 393.07
预付款项	11 266 074.80	865 035.77	1 079 821.24
其他应收款（合计）	3 166 994.73	3 065 874.67	1 452 161.65
其他应收款	3 166 994.73	3 065 874.67	1 452 161.65
存货	46 500 451.29	49 112 480.19	45 215 391.83
其他流动资产	1 894 929.21	32 303.96	100 402.73
流动资产合计	157 123 605.08	155 107 364.99	119 001 695.09
非流动资产：			
可供出售金融资产	26 500 000.00	26 500 000.00	41 800 000.00
长期股权投资	259 687.06	50 000.00	2 855 697.33
固定资产（合计）	9 682 745.22	10 721 794.03	10 779 092.71

续表

	2018-12-31	2017-12-31	2016-12-31
报告期	年报	年报	年报
报表类型	母公司报表	母公司报表	母公司报表
固定资产		10 721 794.03	10 779 092.71
在建工程（合计）			
无形资产	52 728.92	60 411.92	59 983.06
递延所得税资产	1 499 839.40	1 049 969.63	348 914.07
非流动资产合计	37 995 000.60	38 382 175.58	55 843 687.17
资产总计	195 118 605.68	193 489 540.57	174 845 382.26
流动负债：			
短期借款			
应付票据及应付账款	42 988 764.64	30 338 869.98	35 192 215.16
应付票据			
应付账款		30 338 869.98	35 192 215.16
预收款项	19 579 957.02	6 246 040.84	2 952 077.97
应付职工薪酬	95 487.12	55 610.92	43 694.53
应交税费	1 501 637.19	1 033 575.91	1 231 068.08
其他应付款（合计）	4 484 260.66	5 948 660.63	4 277 758.20
其他应付款		5 948 660.63	4 277 758.20
其他流动负债	1 311 495.71	3 755 545.17	335 256.94
流动负债合计	69 961 602.34	47 378 303.45	44 032 070.88
非流动负债：			
长期借款			
非流动负债合计			

续表

	2018-12-31	2017-12-31	2016-12-31
报告期	**年报**	**年报**	**年报**
报表类型	**母公司报表**	**母公司报表**	**母公司报表**
负债合计	69 961 602.34	47 378 303.45	44 032 070.88
所有者权益（或股东权益）：			
股本	80 000 000.00	80 000 000.00	80 000 000.00
资本公积	25 757 925.35	25 757 925.35	25 757 925.35
其他综合收益	4 089.80		
盈余公积	4 035 331.18	4 035 331.18	2 505 538.61
未分配利润	15 359 657.01	36 317 980.59	22 549 847.42
归属于母公司所有者权益合计	125 157 003.34	146 111 237.12	130 813 311.38
少数股东权益			
所有者权益合计	125 157 003.34	146 111 237.12	130 813 311.38
负债和所有者权益总计	195 118 605.68	193 489 540.57	174 845 382.26

数据显示，连续三个年末泛华体育的货币资金都保持在一定规模，且既没有短期借款也没有长期借款。

这说明，尽管泛华体育的经营活动没有产生大于零的现金流量净额，但企业积累的货币资金足以支撑企业的经营活动。我们曾经在该企业2018年现金流量表上看到，企业年度内有一定规模的借款和还款，由于资产负债表上没有列示出企业的借款，说明企业的借款和还款都是在年度内进行的，可能意味着企业在年度内某个时段进行了短暂的筹资。

另一方面，企业近期没有大规模现金支付的需要，所以不必过早进行债务融资。

上述讨论说明，企业基本上没有不当的债务筹资活动。

（三）收款管理

谈到企业的收款管理，一般会直接想到计算企业的应收账款周转率。我明确告诉大家，这个比率基本上是算不对的，所以就不要计算了。至于为什么算不对，有兴趣的读者请参见我的其他相关书籍。

在这里，我要与大家分享我独创的不计算财务比率而利用数据间的关系来分析企业账款管理状况的方法。

这个方法非常简单，在资产负债表上，与企业销售收款有关的项目有三个——流动资产里的应收票据、应收账款，以及流动负债里的预收款项。通过比较上述三个项目年度内或特定期间内期末与期初的数据变化，就可以对企业的收款状况做出分析。

1. 应收票据与应收账款的规模与结构变化

将应收票据与应收账款加在一起，比较期末数据与期初数据之间的关系以及结构变化。

第一，在数量上，如果期末数据与期初数据基本相当，一般说明企业当期的赊销款基本回收。在结构上，如果期末企业应收票据的规模占应收账款与应收票据之和的比重加大，则说明期末债权的质量还在提高；如果期末企业应收票据的规模占应收账款与应收票据之和的比重变小，则说明期末债权的质量有所下降。

第二，在数量上，如果期末数据大于期初数据，一般说明企业当期的赊销款并没有全部回收，期末增量部分基本上就是企业赊销款少回收的部分。在新增债权的结构上，如果期末企业应收票据的规模增长更多，一般意味着企业期末债权的质量比较高；如果期末企业应收账款的规模增长更多，一般意味着企业期末债权的质量有所降低。

第三，在数量上，如果期末数据小于期初数据，一般说明企业不仅当期的赊销款全部回收，而且还增量回收了相当于债权规模减少部分的赊销款。也就是说，期末债权规模减小的部分基本上就是企业少回收的赊销款部分。在期末债权的结构上，如果企业应收票据的规模更大，一般意味着企业期末债权的质量比较高；如果企业应收账款的规模更大，一般意味着企业期末债权的质量相对较低。

2. 预收款项规模的变化

比较预收款项的期末数据与期初数据的规模变化：如果期

末预收款项的规模大于期初规模，一般意味着企业能够持续增加预收款项，从而改善企业的经营活动现金流量；如果期末预收款项的规模小于期初规模，一般意味着企业在预收款项销售方面能力有所下降，既可能是企业面临更加激烈的市场竞争而难以获得更多预收款，也可能是企业自身市场竞争力下降的表现，还有可能是企业为了完成某些营业收入的目标而放松销售政策，更多采取赊销方式促销。

我们看一下泛华体育的情况。企业利润表（见表 9－1）上的数据显示，2018 年度营业收入比上年有较大幅度的提高。在营业收入有较大幅度提高的情况下，企业的应收账款有所下降（该公司没有应收票据），预收款项大幅提高。

根据我们前面的原理性分析，该企业对应收账款回收的管理是相当有成效的。不仅如此，企业的预收款项大幅提高，说明企业的预收货款销售方式坚持得非常好。

（四）付款管理

企业对于存货采购可以采用多种付款方式。不同的付款方式在资产负债表上的对应关系是不同的。

第一，预付账款购买。如果在货物到达之前就预先支付货款，则在企业支付货币资金的同时，流动资产的另一个项目预付款项会等额增加。企业以预付货款方式购买的货物到达时，企业的存货资产增加、预付款项减少。

第二，赊购。如果在货物到达之后企业仍然没有支付货款，而是约定在未来某个时间支付相关款项，则在购买的相关货物到达企业时，企业流动资产中的存货会增加，同时流动负债的项目应付票据或者应付账款相应增加。企业按照约定在未来支付货款，则在企业货币资金减少时，企业的负债——应付票据或者应付账款等额减少。

第三，现购。如果在存货到达时企业立即进行支付，则在存货增加的同时，同等规模的货币资金会减少。

需要注意的是：对于制造企业而言，其流动资产中的存货除了包含企业外部采购的原材料、燃料等，还包含处于加工过程中的在产品、半成品和产成品等。

处于加工过程中的在产品、半成品和产成品的存货价值，除了包含从原材料和燃料等外部购入的存货转移过来的价值，还包括（不需要现在花钱）折旧和人工费用（通过应付职工薪酬来反映）等。资产负债表上的存货金额在多大程度上来源于外购存货、在多大程度上来自折旧和人工费用等，取决于存货的加工转换成本有多大。

这就是说，在制造企业，存货的价值变化并不总是引起货币资金、预付款项、应付票据和应付账款等项目的变化。

我们通过付款安排所展示出来的企业对供应商的欠款能力，

或者是企业利用供应商的资金支持自身发展的能力来考察企业在利用商业信用方面的竞争力。

（1）与存货的存量规模相比，企业预付款较多，应付票据和应付账款的规模较小。在企业保有一定存货规模的条件下，如果企业的预付账款较多，而应付票据和应付账款的规模相对较小，一般意味着企业对供应商的谈判能力不强，这或者是由于企业的业务规模较小，难以在付款上有话语权，或者是由于以往的商业信誉难以让企业在付款上有较强的话语权，也有可能是因为卖方的产品持续供不应求，还有可能是因为企业处于一个特定的行业，这个行业的多数产品或者劳务的采购均采用预付款方式。

无论如何，这种局面均会导致企业经营活动产生的现金流量吃紧。

（2）与存货的存量规模相比，企业预付款较少，应付票据和应付账款的规模较大。在企业保有一定存货规模的条件下，如果企业的预付账款较少，而应付票据和应付账款的规模相对较大，一般意味着企业对供应商的谈判能力较强，这或者是由于企业的业务规模较大，能够在付款上有话语权，或者是由于以往的商业信誉足以让企业在付款上有较强的话语权，也有可能是因为卖方的产品在市场上持续供大应求，还有可能是因为企业处于一个特定的行业，这个行业的多数产品或者劳务的采购均采用赊购方式。

无论如何，这种局面均会产生一种实质上的财务贡献：企业实际上是利用较多的供应商的资源来实现自身的业务发展。

我们看一下泛华体育的情况。企业利润表（见表 9－1）上的数据显示，该企业 2018 年度营业成本比上年有较大幅度的提高（营业成本的规模反映了企业存货周转的规模）。在营业成本有较大幅度提高的情况下，企业的存货却有所下降（下降幅度并不大），这说明企业的存货周转与存货管理较为有效。

我们看一下具体的付款情况。

根据表 14－1，2018 年，企业预付款项的期末数据显著高于期初数据，这说明期末企业有更多的预付货款采购。

从 2018 年泛华体育的年报来看，企业没有应付票据，只有应付账款。

企业应付账款的期末数据显著高于期初数据，且与存货的规模有所下降形成反差的是，企业的应付账款在增加。这说明期末企业对供应商的付款话语权在增强。

矛盾出现了：一方面，企业的预付款项增加很多，表明企业更多采用了预付货款的采购方式，似乎企业对供应商的付款话语权在降低；另一方面，企业的应付账款又增加很多，似乎企业对供应商的付款话语权在增强。

我的感觉是，如果企业的账务处理和报表编制是正确的，应该意味着企业的供应商结构在年度内出现了变化：一方面，对一部分供应商仍然只能采取预付款的采购方式；另一方面，对其他供应商，由于商业信誉的积累，企业可以获得更多的商业信用。

将企业采购付款的预付与应付的效应综合到一起，可以判断企业的采购付款并没有导致企业经营活动产生的现金流量恶化。

这就是说，企业采购与销售的现金流量管理是比较正常的。至于在采购与销售两个环节均比较正常的条件下，企业经营活动产生的现金流量净额为负数，应该有其他原因，如支付工资或者是货物采购以外的其他杂项支出过多。

二、非流动资产管理与竞争力

中小企业的非流动资产主要包括固定资产、在建工程和无形资产等。下面我们将重点讨论固定资产和无形资产的管理与竞争力问题。

（一）固定资产管理与竞争力

对固定资产管理与竞争力的分析，我们从两个方面进行：（1）计算固定资产原值周转率，考察企业固定资产规模和结构变化与企业产品或者劳务的市场能力之间的关系；（2）考察购建固定资产所需资金的来源渠道与企业未来竞争力的关系。

1. 固定资产原值周转率

我们在前面已经讨论过，固定资产周转率的计算公式为：

$$固定资产周转率=\frac{营业收入}{平均固定资产原值}$$

固定资产（原值）周转率代表企业在一定时期推动营业收入的状况。在企业的产品或者劳务有毛利的情况下，固定资产原值周转率越快，企业的盈利能力就越强。

我们看一下泛华体育的情况。

我们虽然没有给出固定资产原值方面的信息，但仍然可以讨论。

数据显示：企业在 2018 年度，固定资产净值有所下降，而营业收入有较大增长。固定资产净值下降，至少说明企业的固定资产原值没有显著增长。固定资产净值下降在很大程度上是固定资产计提折旧的结果。

非常明显，不用计算具体数据，我们就应该判断出，从企业 2018 年的情况看，当年企业的固定资产原值周转率显著提高。

那么，固定资产原值周转率提高意味着什么？

应该说，固定资产原值周转率衡量的是企业固定资产推动营业收入的能力：固定资产原值周转率较高的企业，固定资产推动符合市场需要的产品或者劳务的能力较强；而固定资产原值周转率较低的企业，固定资产推动符合市场需要的产品或者劳务的能力较弱，这或者意味着企业新增固定资产的结构、规模与市场的关联度较小（根本原因可能是固定资产购建的决策失误），或者意味着企业的管理者不能对新增固定资产进行有效管理和使用。

本案例的情况说明，企业在固定资产的规模与市场业务之间的管理较为有效。

2. 固定资产的单位产能成本

在对固定资产进行分析的过程中，一个经常被忽视的问题是：企业固定资产的单位产能成本由于融资渠道不同可能会有显著的不同。

一般来说，企业固定资产购建所需的资金主要有这样几个来源：第一，由企业利润所获得的现金流量来支持（中小企业的这种能力往往不足）；第二，由企业股东入资来解决（这经常是中小企业的主要途径）；第三，由企业的借款来解决。

在上述三种资金来源中，前两种支持的固定资产建设是“花自己的钱”，不仅在财务核算上没有利息因素，而且企业在使用这部分自有资金时往往精打细算。因此，这两种资金来源所形成的固定资产的单位产能成本低、未来产生的财务效益高。

在企业用贷款来支持固定资产建设的条件下，利息因素必然推高相应固定资产的单位产能成本。这就要求企业在相应固定资产投入使用以后，强化资产管理、提高资产利用率、改善业务的销售结构，使企业未来的盈利能力保持在较高水平上。否则，企业新增固定资产会由于成本过高、折旧额偏大而成为未来财务业绩下滑的主要推手。

（二）无形资产管理与竞争力

对无形资产管理与竞争力的分析，我们应该主要关注企业无形资产的规模、结构与企业战略和业务结构的吻合度。

从概念上来说，无形资产是没有一定的实物形态，但可以为企业长期经济利益流入做出贡献的资产项目，包括商标权、专有技术、特许经营权、土地使用权等。

由于无形资产具有没有一定的实物形态、企业的受益期难以确定以及受偶发因素影响可能迅速减值等特性，在会计上对研究与开发支出采取稳健原则处理，因而企业资产负债表上所列示的无形资产多为从外部购入的部分，而企业自创的无形资产研发支出的大部分直接计入研究与开发支出当期的利润表（以前为管理费用，2018 年度以后单独列示为研发费用）。

从企业发展的角度来看，只有与企业战略、业务结构相关联的无形资产才可能为企业的发展做出贡献。

我们看一下泛华体育的情况。

数据显示，2018 年企业的无形资产占资产总额的比重非常低，这种规模的无形资产更多是辅助企业进行管理，很难说对企业的业务形成直接支持。

第 15 讲 / *Chapter Fifteen*

中小企业风险分析

我们在这一讲谈一谈中小企业的风险分析。

传统上，财务报表分析不怎么谈风险。一个比较明显地展示企业风险的财务比率是资产负债率。

关于资产负债率与企业风险之间的关系，我们在前面已经讲过了，很难说资产负债率高，企业的风险就大；资产负债率低，企业的风险就小。

在前面的学习中，我向大家介绍了我创造的一个比率，叫资产金融负债率。这个比率实际上就是考察企业的资产在多大程度上依赖于债务融资。如果这个比率比较高，则企业确实有偿债风险。

我国大多数的中小企业面临融资难的问题。我很少见到中小企业有很多贷款的。

因此，对中小企业的风险分析可以从以下几个方面进行。

一、与经营有关的风险

对于中小企业而言，在三张财务报表之间的经营活动有一条非常清晰的线：资产产生营业收入和核心利润，核心利润产生经营活动的现金流量净额。

这样，企业如果出现与经营有关的风险，一定发生在以下几个方面。

（一）存货周转率下降

在其他因素基本相同（产品结构基本相同、营销策略基本相同、生产与销售的人力资源基本保持稳定等）的条件下，如果企业出现存货周转率下降，可能意味着企业的存货管理失控或者企业产品市场的不确定性增加，产品不能按照预期实现销售。

（二）固定资产原值周转率下降

从企业发展的角度来看，固定资产规模与结构的变化往往是企业战略决策的结果：固定资产规模增加、结构变化，往往意味着企业希望通过提高固定资产的技术装备水平、改变企业的产品或者劳务的结构来提高企业经营活动的竞争力；固定资产规模减小、结构变化，则可能意味着企业面临产品结构或者劳务结构的重大调整或者企业面临重大转型。

无论企业在固定资产决策过程中多么符合科学决策的要求，当相关固定资产形成产能、投入使用以后，固定资产的变化是否成功都要由市场来检验。

市场检验的重要手段就是考察企业的固定资产原值周转率的变化。

在固定资产原值周转率变慢的情况下，企业产品的毛利率往往会降低（较小的市场增长或者市场下降使得固定资产折旧增加营业成本、降低毛利率），同时企业资产结构出现失衡。

（三）资产结构失衡，不良资产占比过高

中小企业资产结构失衡主要表现在，固定资产的规模、结构与企业存货的规模和结构的匹配性出了问题，或者不能对营业收入产生贡献的资产（如货币资金、其他应收款、在建工程等）过多。

企业资产结构失衡必将导致相同的资产不能产生预期的营业收入。这就是说，当企业总资产周转率下降的时候，要么是企业的资产结构出现失衡，要么是企业产品的市场销售出了问题。

（四）综合毛利率下降

企业的综合毛利率就是利润表上营业收入减去营业成本所得出的毛利与企业营业收入之间的比率。这个比率不一定要计算得非常准确。毛利率的变化趋势很容易观察到。

综合毛利率下降一般意味着企业产品的市场竞争力下降，经营风险上升。

（五）期间费用率上升

在会计上，通常将销售费用、管理费用、研发费用和利息费用称为期间费用。

之所以叫期间费用，主要是因为这些费用更多是为了维持一段时期经营与管理而发生的。

把各项期间费用与营业收入进行比较，就得到相应的期间费用率，包括销售费用率、管理费用率、研发费用率和利息费用率。

期间费用率上升无非是两种情况：要么是企业的费用规模大了，增量支出不能带来增量营业收入；要么是企业的市场能力下降了，消耗同样的资源不能创造出预期的市场业务规模。

这一般表明企业的市场面临新的风险。

（六）核心利润率下降

有时候，企业的毛利率能够维持一定的水平，但由于市场萎缩或者资源管理能力不足，企业的期间费用规模和期间费用率都比较高，因而可能出现企业的核心利润率下降的情况。

综合来看，核心利润率下降，往往意味着企业的产品面临更大更为激烈的市场竞争，企业业务发展前景的不确定性加大。

企业扭转核心利润率下降的手段，一是改进产品的销售结构，提高综合毛利率；二是改善期间费用的管理，降低期间费用率；三是通过资产结构的调整，从资源配置入手，对产品升级换代，甚至开辟新的产品市场。

（七）总资产报酬率下降

核心利润率下降的变化是通过利润表内部的比较发现的。总资产报酬率则度量了企业利用全部资产获得利润的能力。

总资产报酬率下降，一般意味着企业运用相同规模的资产不能获得曾经的盈利水平。

总资产报酬率下降，或者是由于企业资产增长过快、资产结构失衡、资产中不能对企业营业收入的增加做出贡献的资产过多，或者是由于企业的市场规模过小、资产消耗过大。

不论是什么原因导致的总资产报酬率下降，均意味着企业应该进一步优化资产结构，提高资产和费用的综合管理水平，增强产品或劳务的盈利能力。

（八）核心利润获现率下降

核心利润获现率在相当程度上反映了企业核心利润的含金量。

影响企业核心利润获现率的因素很多，既有影响核心利润的因素，如企业的市场能力与市场规模、企业期间费用管理的有效性、企业产品在市场中的竞争地位，也有与经营活动产生的现金流量有关的因素，如企业所处行业的商业惯例、企业对上下游企业"两头吃"的能力、企业的营销策略等。

核心利润获现率下降，一般意味着企业的利润质量在下降，企业的核心利润可能朝着有数量没质量的方向发展。

下面我们看一下泛华体育的情况。

2018 年，由于企业的存货规模年末小于年初，利润表里的营业成本比上一年显著上升，因而其存货周转率在提高；企业固定资产的净值年末比年初下降，营业收入显著高于上一年，因而其固定资产原值周转率也在提高；企业的资产总额略有上升，但营业收入大幅提高，因而企业的总资产周转率也是提高的。至少与上一年相比，企业的资产整体上质量较高。

从资产管理的角度来看，企业似乎处于较好的状态。

但是，除了营业收入和营业成本较上年快速增长外，我们在利润表里以及结合资产负债表、现金流量表信息所观察到的主要方面均呈现整体上的恶化：

- 企业的毛利率和毛利额双双显著下降。
- 企业的管理费用与研发费用之和与上一年度的管理费用（上年度的管理费用包含了研发费用）相比，增长速度显著快于企业营业收入增长速度。两项费用与营业收入相比的费用率显著高于上年。
- 企业的销售费用为零，财务费用由于规模较小可以不予关注。
- 企业核心利润由上年处于盈亏边缘到本年显著亏损，核心利润率显著下降。
- 核心利润没有带来正的经营活动产生的现金流量净额。
- 由于企业的利润规模在恶化，企业的总资产报酬率也是下降的。

这就是说，企业的经营风险还是较大。

二、与企业实际控制人变更有关的风险

企业实际控制人往往是指直接持有企业控制性股份，或者虽不持有控制性股份但通过与其他股东形成一致行动人后拥有企业的控制性投票权，或者由于其他安排而获得控制性投票权的股东。

显然，在企业股权结构出现重大调整时，企业的实际控制

人往往会产生变化。

实际上，控制企业发展方向的是企业的实际控制人。实际控制人发生变化，可能会导致企业的股权结构、董事会的成员结构、企业核心管理层的人员结构、股东之间、股东与董事会之间以及股东与核心雇员之间诸多具有公司治理意义的因素发生不确定的变化。

这种变化，既可能是企业更好发展的机遇，也可能是企业进入具有更大风险的发展阶段的转折点。

读者可能注意到：进入 2019 年，上市公司格力电器的第一大股东——格力集团拟将其持有的格力电器股份的大部分出售出去。这个信息一经发布即引起股市的高度关注。为什么？

如果格力集团最终将其持有的大部分或者全部股份售出，势必会改变格力电器的股权结构和董事会成员结构。更重要的是新的大股东与现任公司董事长兼总裁的董明珠女士之间工作关系的建立。新的董事长还会是董明珠吗？如果不是，新的大股东的存在感在哪里？如果格力电器由于第一大股东变化而变更其董事长，这个新的董事长与总裁董明珠之间的工作关系如何协调？习惯于将董事长与总裁一肩挑多年的董明珠女士会重新适应将董事长和总裁一分为二的工作环境吗？

因此，可以说，当格力电器的股权结构发生重大变化时，该公司未来发展的不确定性和风险一定会增加。

三、与企业管理层核心人员变更有关的风险

我们在前面讨论企业实际控制人变更的时候，企业管理层变更是大概率事件。

现在要讨论的是，即使实际控制人不变，由于各种原因导致的企业管理层核心人员如总裁或者CEO（首席执行官）变更，也会使企业处于一定的风险中。

假设你是一个企业的员工。你所在的企业有一个重要的客户，最近变更了总裁。对方变更后的总裁往往会牢记古训——新官上任三把火，对企业的经营活动进行全方位的梳理，并试图改变原有的工作轨迹甚至是原有企业的上下游关系。如果你与该公司的业务关系属于这个新总裁要改变的对象，你与该公司的业务关系就面临新的调整。

这是什么意思呢?

即使控股股东不变、企业的战略不变、企业的业务格局不变，但企业在新的管理层的带领下，其经营管理的特征一定会发生变化。不同的只是有的企业发生变化的速度快些，有的慢些。

这种经营方略上的变化可能致使企业面对一定的不确定性与风险。

第 16 讲 / *Chapter Sixteen*

学习本书的收获

这是本书的最后一讲。

在这一讲，我们总结一下你的收获是什么。

一、基本财务报表及其基本关系

企业有三张基本财务报表，即资产负债表、利润表、现金流量表。

这三张报表的基本关系理解起来非常简单。

注意，资产负债表中资产的第一行是货币资金。实际上，现金流量表的三类现金流量是分类展示企业货币资金年末与年初出现变化的原因的（当然，货币资金与现金流量表中现金的概念不完全一致，但基本一致）。换句话说，现金流量表是对资产负债表第一行数字从期初到期末出现变化的原因的展开说明。

还要注意的是，资产负债表中股东权益的最后一行是未分配利润。这个项目的数字是企业累积的各个年度实现的利润在向股东分配以后的留存利润。而各个年度实现的利润则在利润表中反映。换句话说，利润表是对资产负债表股东权益最后一行数字从期初到期末出现主要变化的原因的展开说明。

原来，三张报表就是一张报表：资产负债表展示了企业财务状况的整体；利润表展示了企业累积利润在本年度的主要变化；现金流量表则展示了企业货币资金在本年度的主要变化。

实际上，现在企业编制的基本财务报表还有一张叫股东权益变动表。在本书中，我们没有讨论那张报表。

在我看来，搞清楚资产负债表、利润表和现金流量表就足够了。

今后，读者可能还会面临会计方面尤其是财务报表及其表内项目披露方面的不断改革。读者只需要记住：改来改去，大多是对现有业务的重新认识和项目的重新安排。这种会计改革对于特定企业的管理人员理解财务报表不会产生太大的影响。

二、对三张基本财务报表主要项目的认识与理解

认识三张基本财务报表与对一系列概念的学习密切相连。

现在，相信读者已经对资产（流动资产、非流动资产）、负债（流动负债、非流动负债）、股东权益（股本、资本公积、盈余公积与未分配利润）、营业收入、营业成本、毛利、期间费用（销售费用、管理费用、研发费用、利息费用）、核心利润、营业利润、经营活动现金流量、投资活动现金流量、筹资活动现金流量等概念不生疏了。

当然，要想熟练地掌握这些概念及其相互关系，并能够通过了解上述概念之间的动态变化来把握企业的运行方向，需要读者反复应用。

三、对三张基本财务报表的分析

我们对三张基本财务报表的分析是沿着两条脉络来进行的：一条脉络是根据三张报表主要项目及其相互关系所蕴含的管理活动来展开分析，从而使读者能够养成一种习惯——看到财务报表的各个项目，总能联想起项目背后的管理活动和管理逻辑；

另一条脉络是进行常规的财务比率分析，其中包括常规的与资产负债表、利润表和现金流量表有关的财务比率分析，也包括我创造的几个主要比率（如资产金融负债率、核心利润率、核心利润获现率等）的分析。

我相信认真学习本书并坚持到最后的读者对上述脉络一定有切身的体会。

四、对企业竞争力与风险的分析

在本书的后面部分，我们讨论了至关重要的中小企业竞争力分析与风险分析。

实际上，企业强的时候，竞争力就是竞争优势；企业变弱的时候，与竞争力有关的诸方面可能就演变为企业的风险因素了。

在讲解上述内容的时候，我尽量用一个综合案例贯穿全书的始终。

在分析讲解的过程中，我尽量把书中介绍的各种分析方法用于真实的企业案例，以向读者展示这些分析方法绝不是纸上谈兵，而是具有强大的生命力。

五、会计思维、财务思维：与企业管理相结合的财务报表分析

我们已经进入互联网时代。

大数据、人工智能、移动互联网、云计算（简称大智移云）几乎成了开口必谈的时代词汇，而大智移云对会计工作、对会计信息或财务信息的分析利用则是会计与财务界的热门话题。

在本书的最后，我想就会计思维、财务思维以及本书财务报表分析的特色再强调一下。

（一）会计思维

请想一下你此前对企业会计的认识。

在一个单位里经常有人被称为“会计”，如张会计、李会计等，以说明特定的人所从事的工作岗位。而张会计、李会计的工作大多是处理会计凭证、记账、算账、编制会计报表（或财务报表）等。

这里简单区分一下会计报表和财务报表。

会计报表是企业的会计机构或者会计人员编制的报表，包括为企业股东和其他外部信息使用者提供的反映企业财务状况的资产负债表、利润表和现金流量表等报表及相关信息，以及

为企业内部相关管理部门提供的用于企业内部管理的报表。

财务报表是企业的会计机构或者会计人员向企业股东等外部信息使用者提供的反映企业财务状况的报表，包括资产负债表、利润表以及现金流量表及相关信息。

可见，会计报表的范围比财务报表大一些。但在对外提供报表方面，两者是一致的。

本书对会计报表和财务报表不进行区分。

很多人没有注意到的是：一个单位聘请了不少会计人员，他们的工作成果是定期编制几张报表，而这些报表从被编制出来基本上就被束之高阁，因为没有几个人能读懂。

随着大智移云时代的到来，原有的会计工作中与报表编制有关的工作会快速被智能机器人所代替。

工作被代替了，会计的价值还有吗？

回答是：有。会计的工作可以被代替，但会计思维是长久发挥作用的。

那么，会计思维是什么呢？

传统的会计思维一般是指对企业发生的经济业务进行确认、计量和报告的思维，考虑的主要内容是对企业的业务进行会计处理。

在我看来，会计思维的实质是数据和信息思维，是通过财务或者会计信息认识企业、把握企业发展方向以及让会计行为主动服务于企业战略的思维。

具有会计思维的企业管理者通常会把自己的管理决策与对财务报表的影响联系起来。

举一个极端一点的例子。

一个没有会计思维的企业管理者，往往关注企业的利润表信息，关注企业的固定资产原值以及生产能力。但如果具有系统的会计思维，他就会经常思考：企业的固定资产原值和产能增加与企业整体的市场能力有什么关系。如果固定资产和生产能力的增加能够促使企业扩大市场规模并按照较为理想的盈利能力将产品销售出去，则这种固定资产和生产能力的增加就是对企业价值的提升；如果固定资产和生产能力的增加不能促使企业扩大市场规模，或者虽然能够扩大市场规模但不能按照较为理想的盈利能力将产品销售出去，则这种固定资产和生产能力的增加就会导致企业盈利能力下降，从而贬损企业的价值。

换句话说，一个具有会计思维的企业管理者绝不会片面强调或者追求个别的财务数据，而会系统思考自己的管理与财务后果的内在联系。

使会计行为主动服务于企业战略，需要企业会计工作紧密联系企业发展战略，按照企业发展战略的需要调整会计行为。主动服务于企业发展战略的会计行为不是被动地进行经济业务的会计处理，而是着眼于企业发展战略，在企业投资、筹资、并购等战略进程中恰当地利用会计工具，配合企业相应战略的实施。

（二）财务思维

与会计思维不同，财务思维是关于企业资本管理、资产管理的思维，其核心内容是运用各种财务工具、动用各种财务资源为企业发展战略服务。

具备财务思维对企业管理者的意义非常重大。

具有财务思维的企业管理者，在企业制定发展战略的过程中，既关注企业“要”怎么发展、“应”怎么发展的问题，也关注企业具备的财务资源能否支撑相应的战略，战略的执行更有现实性。

具有财务思维的企业管理者在日常经营管理中，会非常注重对财务工具的运用，总是希望通过财务手段来提高经营管理的有效性。

我曾经与一位上市公司的董事长讨论过该公司的一个并购业务。

该上市公司（以下简称 A 公司）以房地产开发为主要业务。经过多年的发展，受各种因素的制约，该公司一直发展得不太理想，企业存货周转率低、净利润规模小、总资产报酬率和净资产收益率均不高，资本市场上的股东对企业多有抱怨。

在这种情况下，A 公司的董事长策划并实施了将公司控股股东旗下的一个金融机构（以下简称 B 公司）并入 A 公司的关联交易。

该交易完成以后，在一次与 A 公司董事长的聚会上，我与董事长有了如下对话。

我：听说你完成了一个重要的重组？

董事长：对！把 B 装进了 A。

我：B 估值的增值幅度大吗？

董事长：增值幅度不大。评估结果及最后的交易定价不超过账面净资产的 50%。A 买了一项优质资产。

我：B 公司的盈利能力怎么样？

董事长：盈利能力不错！B 被并进来以后可以显著提升 A 的净利润规模。

我：如果 B 的利润再低一些，是不是 B 并入 A 的作价还会低一些？

董事长：不会。

我：如果 B 真的没有利润（当然是我的假设），那 A 不就买贵了吗？

董事长：即使 B 的盈利能力低一些，还是以这个价格卖给 A，A 也是买入了优质资产！

我：怎么会呢？

董事长：你知道在本次交易开始前A公司的情况吧？

我：知道。各方面都不怎么好。

董事长：这次交易就是要全面解决各方面都不怎么好的问题。现在，并购完成了，原来想解决的问题都解决了。这是一次非常成功的交易。

从资产结构来看，A原来只有与房地产业务相关的资产。交易完成后，A的资产结构既包括与房地产业务相关的资产，也包括金融资产。在资产的组合上，实现了房地产经营业务与金融业务的整合。

从资本市场对公司的估值来看，单纯的房地产企业的估值远不如具有房地产业务和金融业务的企业的估值。现在公司的市值比交易前有了大幅提高。股东们非常高兴。

从利润表的情况看，企业净利润的规模显著提高，盈利能力也得到了改善。

我想告诉读者的是：在这个对话中，我一直关注的是此项并购交易过程中被并购企业的估值及估值增值幅度、被并购企业未来的财务业绩。这个思维显然是会计思维。

对话中的董事长显然是一个具有财务思维的管理者。

他针对公司所面临的困难和要解决的问题（既包括盈利能

力的问题，也包括市值管理的问题，还包括企业发展前景的问题等），利用财务手段（企业并购是财务手段而不是经营手段），只用一个并购交易就解决了企业发展过程中所面临的几个主要问题。

当然，在实施此项并购前，董事长和他的团队一定对此项交易可能带来的财务后果做过细致的沙盘推演。

最后，我要说：本书一直试图在财务报表分析过程中把会计思维、财务思维与企业管理有机地结合在一起，达到从财务报表的数据和项目之间的动态联系来透视企业管理的目标。

本书的内容到此就结束了。祝贺读者取得的学习成绩！

感谢读者的选择！

进一步的学习内容，请读者留意中国人民大学出版社出版的我的其他书籍和视频资料。

参考文献

［1］财政部．企业会计准则应用指南（2018年版）．上海：立信会计出版社，2018.

［2］张新民．从报表看企业．3版．北京：中国人民大学出版社，2017.

［3］张新民，钱爱民．财务报表分析（第5版·立体化数字教材版）．北京：中国人民大学出版社，2019.

［4］工业和信息化部，国家统计局，国家发展和改革委员会，财政部．中小企业划型标准规定，2011.

图书在版编目（CIP）数据

中小企业财务报表分析/张新民编著. —北京：中国人民大学出版社，2020.1
ISBN 978-7-300-27634-2

Ⅰ.①中… Ⅱ.①张… Ⅲ.①中小企业-会计报表-会计分析 Ⅳ.①F276.3

中国版本图书馆 CIP 数据核字（2019）第 243736 号

中小企业财务报表分析
张新民　编著
Zhongxiao Qiye Caiwu Baobiao Fenxi

出版发行	中国人民大学出版社		
社　　址	北京中关村大街 31 号	**邮政编码**	100080
电　　话	010－62511242（总编室）		010－62511770（质管部）
	010－82501766（邮购部）		010－62514148（门市部）
	010－62515195（发行公司）		010－62515275（盗版举报）
网　　址	http://www.crup.com.cn		
经　　销	新华书店		
印　　刷	涿州市星河印刷有限公司		
规　　格	148 mm×210 mm　32 开本	**版　　次**	2020 年 1 月第 1 版
印　　张	7.5 插页 2	**印　　次**	2023 年 11 月第 9 次印刷
字　　数	130 000	**定　　价**	42.00 元

教师教学服务说明

中国人民大学出版社财会出版分社以出版经典、高品质的会计、财务管理、审计等领域各层次教材为宗旨。

为了更好地为一线教师服务，近年来财会出版分社着力建设了一批数字化、立体化的网络教学资源。教师可以通过以下方式获得免费下载教学资源的权限：

在中国人民大学出版社网站 www. crup. com. cn 进行注册，注册后进入“会员中心”，在左侧点击“我的教师认证”，填写相关信息，提交后等待审核。我们将在一个工作日内为您开通相关资源的下载权限。

如您急需教学资源或需要其他帮助，请在工作时间与我们联络：

中国人民大学出版社　财会出版分社

联系电话：010-62515987，62515735

电子邮箱：ckcbfs@crup. com. cn

通讯地址：北京市海淀区中关村大街甲 59 号文化大厦 1501 室（100872）